DANIELA TARRONI

CREA FELICITÀ

Come Attraverso La Creazione Di Un Abito Ogni Donna Può Scoprire Se Stessa E Raggiungere La Felicità

Titolo

"CREA FELICITÀ"

Autore

Daniela Tarroni

Editore

Bruno Editore

Sito internet

http://www.brunoeditore.it

Tutti i diritti sono riservati a norma di legge. Nessuna parte di questo libro può essere riprodotta con alcun mezzo senza l'autorizzazione scritta dell'Autore e dell'Editore. È espressamente vietato trasmettere ad altri il presente libro, né in formato cartaceo né elettronico, né per denaro né a titolo gratuito. Le strategie riportate in questo libro sono frutto di anni di studi e specializzazioni, quindi non è garantito il raggiungimento dei medesimi risultati di crescita personale o professionale. Il lettore si assume piena responsabilità delle proprie scelte, consapevole dei rischi connessi a qualsiasi forma di esercizio. Il libro ha esclusivamente scopo formativo.

Sommario

Introduzione

«Potresti scrivere un libro», mi dice convinto Martelli. Raccolte le idee, lo guardo negli occhi incuriosita, abbasso lo sguardo, rifletto e penso: «Chissà, forse un giorno...»

Mi alzo e mi allontano da quell'ambiente freddo e austero. Sento risuonare i miei passi lungo tutto il corridoio che mi porta fino all'uscita. Lo sguardo dritto nel vuoto, mentre nella testa mi attraversano, confusi, mille pensieri. Poi ritorno in me, il portone dell'uscita mi indica la via, lo oltrepasso ed ecco la *vita*! Passano i giorni e, da quel momento, sono "volati" ben 4 anni.

Io sono Daniela e quel che vorrei fare con questo libro è ispirare, rendere chi lo legge consapevole dell'importanza dell'alimentare le proprie passioni – nel mio caso la creazione di abiti – per raggiungere una propria, intoccabile felicità. Quelle parole risuonavano di tanto in tanto dentro di me, ma il tempo correva veloce e ogni giorno mille cose si accavallavano dalla mattina alla sera, fino a quando, circa un anno fa, la mia vita professionale ha preso un indirizzo nuovo offrendomi la possibilità di venire a contatto tutti i giorni con donne di tutta Italia.

Questa nuova realtà mi ha concesso di viverle quotidianamente entrando nelle loro realtà: le loro problematiche, le loro idee, i loro sogni, i pensieri, tutto quello che ognuna di loro mi ha dato la possibilità di vivere attraverso il nostro colloquio.

Ogni mattina, per diversi mesi, parlando con tutte loro mi si è aperta una finestra sull'Italia che mi ha concesso di assaporare le luci, i colori e la realtà di un nuovo ambiente e di nuove situazioni.

Nuovi cieli diversamente illuminati, lo stagliato di una montagna, l'angolazione particolare del lago, finanche lo scorcio di un cimitero, tutto ciò mi è stato regalato grazie soltanto a ciò che mi riportano le loro descrittive parole. Poco o tanto,

"Questo contatto mi ha permesso di capire e di entrare nella vita di tante persone e di questo sarò sempre *grata"*.

Ma perché ti scrivo tutto questo? Perché, dopo avere ascoltato e recepito le tante storie che mi sono state confidate – troppe donne svilite in una vita che non dà abbastanza soddisfazioni, donne che vivono alla stregua della famiglia senza un proprio angolo di indipendenza, oppure donne che non si amano più – mi sento debitrice e in dovere di fare qualcosa per contribuire, aiutare o essere d'ispirazione a chi può trarre vantaggio dalla mia particolare storia personale. Perciò ti dico: crea la tua felicità! Troverai in queste pagine il modo e gli strumenti per raggiungerla con le tue mani.

Beh, parto dicendoti che sono stilista e che ho passato tutta la vita creando, realizzando abiti per le donne, per valorizzarle. Dico sempre, infatti, che come stilista ogni volta che vedo una donna il mio pensiero è sempre quello di trovare per lei l'immagine migliore.

Il mio impegno lavorativo è partito tanti anni fa, come avrai modo di leggere poi nella mia storia, adesso è curioso sapere che cosa mi ha spinto a essere qui con te oggi per mostrarti un percorso che può aiutarti a capire come cambiare e migliorare la tua realtà.

Tutto ha un inizio. Qualche tempo fa mi è stato richiesto, a fronte della mia professionalità e grazie a tutto quanto ho imparato in oltre 35 anni di lavoro, come poter acquisire le mie competenze, ovvero:

"Daniela ci insegni a realizzare degli splendidi abiti come quelli che realizzi tu?"

La richiesta, risuonata da più fronti, mi ha fatto molto riflettere, ma l'idea di poter trasmettere competenze mentre il lavoro quotidiano di realizzazione degli abiti mi occupava tutta la giornata, appariva impossibile.

Finché, circa due anni e mezzo fa, ho fatto l'acquisto del mio primo corso online. Dovevo assolutamente studiare e implementare nuove competenze e, non potendo muovermi in altro modo, pur essendo molto scettica, ho cercando di utilizzare quella che per me era "l'unica soluzione". E, con mio grande stupore, questo primo acquisto è stata una grandissima rivelazione.

Infatti, usufruire di un corso online era perfettamente in linea con le mie esigenze, ovvero potevo guardarlo ogni volta che desideravo, ogni volta che mi sorgevano dubbi e, incredibilmente, lo trovavo sempre a portata di mano anche quando disponevo di un momento in cui potevo dedicargli il mio tempo. Ed è stata proprio questa fantastica scoperta, capitata così, per caso, a illuminare la mia mente riguardo la possibilità di realizzare un corso online di cucito che potesse portare a tante donne desiderose di sapere le informazioni richieste.

L'idea ha cominciato a farsi strada nel mio cervello, ma ha avuto la giusta evoluzione soltanto quando ho realizzato, in maniera chiara e ben definita, la mia visione. Sono una creativa e, prima di realizzare qualunque progetto, lo devo visualizzare e trovare la mia *vera ragione*.

Perciò ho unito i tanti punti interrogativi e mi sono chiesta: quante donne creative esistono? Quante donne desiderano realizzare qualcosa con le loro mani? Quante donne vogliono sentirsi soddisfatte del loro operato? Quante donne amano essere uniche? Quante donne vogliono tirare fuori ciò che hanno dentro? E ancora, quante donne hanno davvero il *bisogno* di sentirsi esistere e magari di riscattarsi da una realtà che le fa vivere frustrate?

Ora lo so! È questa la mia *missione:*

"Voglio dare alle donne tutti gli strumenti per potersi esprimere".

Sì, esattamente come quando devi realizzare un puzzle: tutti i pezzi che, in sequenza, servono per realizzare il tuo progetto. Ho visualizzato, e di conseguenza creato, tutto un percorso che, a partire dallo studio della propria immagine, termina con la realizzazione di capi perfettamente eseguiti, sempre affiancati dalla mia presenza. E così ho fatto.

Ho dapprima definito tutto il percorso a tavolino e, dopo ben 7 mesi di lavoro, fra registrazioni e scritti, è nato questo inedito e originale corso, unico nel suo genere in Italia. Ok, ma perché, ti chiederai, ora e solo ora hai deciso di scrivere questo libro?

Sai, ti ho anticipato che questa mia parte di vita, dall'inizio del 2020, mi ha visto in contatto con tantissime donne in tutta la nazione e, giorno dopo giorno, ho capito che posso essere utile non solo con e grazie alla disponibilità di questo corso, ma anche e soprattutto mostrandoti come le peggiori difficoltà della vita si possono affrontare e oltrepassare, se ciò che ti anima è una passione vera che ti viene da dentro.

Fortunatamente io questa passione ce l'ho, ne è intriso tutto il mio corpo e, in particolare, il cuore. E sono certa che, se tu sei qui con me ora, anche tu vivi le mie emozioni e le mie stesse sensazioni e ti sarà molto facile capire cosa mi ha portato qui.

Capitolo 1:
Quando i valori sono determinanti

La famiglia

Sono i campi verdi, i fiori gialli che crescono nei viottoli delle strade di campagna allo scadere di gennaio, il silenzio e la pace di un paesino nel cuore della Romagna il luogo che mi ha visto nascere e crescere; un ambiente dove, a tutt'oggi, sembra che il mondo si sia fermato.

> **"Sapere chi sono e da dove provengo**
> **ti renderà più facile comprendere cosa**
> **mi ha portato qui oggi e la ragione che mi muove"**

È curioso sapere che, in quella frazione animata da pochissime persone (circa 350), ognuna rappresenta un personaggio e non è affatto difficile distinguersi. Ecco, parto proprio da qua.

La mia famiglia era in vista poiché il mio papà, con suo padre, aveva dato vita a un'azienda vitivinicola sviluppatasi negli anni, che in zona era molto conosciuta e che offriva lavoro a tante persone. Figlia di due genitori amorevoli, con nonno e nonna in famiglia, oltre a sorella e fratello, la mia casa era pervasa da un equilibrio di tipo patriarcale.

Cinquantasei anni fa sono nata io, secondogenita, dopo mia sorella, che ha 18 mesi più di me, e poi, a seguire, mio fratello, con 3 anni e mezzo meno. Ero una bimbetta serena, felice e spensierata e passavo le mie giornate all'aria aperta a giocare con i bambini vicini di casa o con i miei cugini, poiché nell'azienda familiare lavoravano anche alcuni zii. Due grandi occhioni verdi, moretta, un corpo esile e un sorriso stampato tutto il giorno: questa ero io. Sì, sono stata una bambina fortunata.

"La serenità che si respirava a casa mia era frutto dell'amore di una famiglia perbene; non dico perfetta, ma per certo il rispetto e l'amore non mancavano mai".

Mia mamma, Anna, donna solare e sempre positiva, ci ha trasmesso il modo di guardare il "bello della vita". È sempre stata una persona comprensiva e paziente, in grado di trovare sempre la giusta soluzione. A tutt'oggi, né io né i miei fratelli ricordiamo il viso di mia madre arrabbiata. Lei è stata il punto fermo da cui ho respirato "l'aria del cucito", che mi ha fatto scoprire il fascino della modellistica (nonostante lei seguisse un sistema vecchio e obsoleto) e, grazie al suo amore, anche il piacere connaturato di indossare un abito creato esclusivamente "su di te e per te".

Mentre scrivo, ho l'esatta visione di lei che, durante la prova di un abito, mi sfiorava con dolcezza e mi suggeriva il da farsi, mentre gli spilli penetravano nel tessuto modificando l'aspetto del capo. A questo serve la prova, a creare le varianti prima della rifinitura. Ma all'epoca non sapevo ancora che questo autentico gesto d'affetto mi avrebbe segnato così nel profondo e che tutto ciò lo avrei ricreato, con le mie clienti, nei futuri 30 anni di attività.

«Mamma, più stretto per favore!» «Mi piace la manica più corta». La frase tipica di mia madre era: «Ma sei sicura Daniela?» «Sì, sì mamma», rispondevo io. Fin da piccolina ho sempre avuto le idee molto chiare, nonché una spiccata predisposizione al disegno e all'utilizzo della fantasia.

Per me era ed è decisamente facile sapere ciò che desidero; mi succede sempre, fondamentalmente perché visualizzo l'effetto finale del progetto in maniera semplice e chiara. Infatti, quando mi domandano da quanto tempo sono stilista, annuisco con affetto e rispondo divertita che io sono nata stilista! Più avanti nella lettura, ti sarà facile capire da dove deduco tutto questo.

Ma andiamo avanti con i ricordi. Terminato l'abito, la curiosità di vederlo finito mi attanagliava e, neanche il tempo di girarlo tra le mani, salivo al piano notte di casa e, indossato l'abito velocissimamente, scendevo giù dalle scale con addosso una strana sensazione. Non ero più la bimbetta dinamica e giocosa che era salita veloce sugli scalini pochi minuti prima, mi sentivo diversa. Percepivo un valore nuovo insignito da quell'abito che dava di me un'immagine preziosa e nuova, provocando una sorta di "turbamento" che oggi potrei definire soddisfazione. Capita anche a te indossando un abito nuovo?

Quell'abito aveva il potere fantastico di trasformarmi in una versione migliore di quella precedente. Lo dice il fatto che, scendendo le scale, il passo rallentava e il mio movimento diventava aggraziato e autorevole... mi sentivo completamente un'altra persona! Nel tempo ho saputo che studi scientifici dimostrano che indossare un determinato tipo di abito ci "trasforma" in un altro ruolo, a seconda del capo: indossa uno splendido abito e ti sentirai subito una *principessa*.

Hai presente la favola di Cenerentola? Quando la fatina buona, con la bacchetta magica e un "bibbidi-bobbidi-boo" trasforma l'umile e logoro abito di Cenerentola in un autentico capolavoro di bellezza e splendore? Un'esplosione di tulle evanescente della gonna e un corpino avvolto da mille luci, in uno sbrilluccichio in cui la voluttà della favola ci immerge con tutti i sensi. Inutile dire che questo spaccato è e rappresenta la mia favola preferita.

Cenerentola è stata la mia figura di riferimento, anche perché, durante l'adolescenza, mentre tutte le mie compagne potevano mettere i tacchi, io avevo difficoltà a trovare una scarpa piccola per i miei piedi.

A 14 anni, il primo sandalo con un po' di tacco era un 34 e mezzo, difficile, per non dire impossibile, da trovare.

"Ma, come spesso accade nella vita, ciò che ti viene tolto prima ti ritorna poi con gli interessi"

Infatti, alcuni anni dopo, questa mia peculiarità mi ha consentito di vivere una splendida esperienza nelle vesti di modella di una delle aziende calzaturiere più prestigiose d'Italia: "Sergio Rossi".

«Mamma, posso avere un vestito nuovo per la festa?» Ogni occasione di festa era buona per chiedere un vestito nuovo. Già pregustavo il piacere ancora prima di averlo. Allora cominciavo a immaginarlo. Lungo così, di quel colore, le maniche le vorrei così e lo scollo... sì, proprio così, come mi piace.

Iniziavo immaginandomi in mezzo alla gente durante la festa paesana: cosa mi avrebbe fatta sentire a mio agio? Cosa mi avrebbe valorizzata? Di cosa avevo voglia? Quale tendenza del momento avrei seguito (in riferimento alle riviste di mia mamma)? La mia mente elaborava l'idea esattamente come quando inserisci delle informazioni nel computer e lui le elabora. Ma al computer manca una componente fondamentale: la *creatività*. Ovvero la capacità, che solo la mente umana ha, di unire informazioni e idee in maniera unica e originale.

Sì, la mia mente ha sempre prodotto un sacco di connessioni tra le informazioni e il processo di realizzazione. Ero così fin da molto piccola e lo sono tuttora. Si tratta di un processo bellissimo, che puoi sviluppare quando acquisisci le giuste informazioni e impari a usarle.

Sono sempre stata curiosa e sensibile alla moda fin da piccola, come ti ho descritto; poi, a 12 anni, con il mio primo corso di taglio e cucito, ho iniziato a *possedere* il dominio delle mie idee e del loro sviluppo. Come? Acquisendo le tecniche (anche se primordiali) e via via aumentando le nozioni per accrescere il mio bagaglio, ossia il "serbatoio" utile per avere elementi necessari alla *creatività*.

È iniziato, come ti dicevo, a 12 anni, con le basi. Mamma diceva sempre: «Capisco quello che vuoi solo quando lo abbiamo terminato». Infatti era chiaro: avendo il progetto in mente, nessuno meglio di me poteva esternarlo. Pertanto, appena sono divenuta consapevole di questo fatto, ho chiesto se potevo frequentare una scuola di cucito.

Spostandomi con la bicicletta a 9 chilometri da casa, in un paese vicino, insieme a mia sorella e a un'amica, ho frequentato il primo corso. Un'esperienza che ricordo come fondamentale e all'interno della quale le tante e confuse nozioni (specie nella modellistica) mi sono servite per capire come trattare oggi questo argomento e renderlo *semplice* e *piacevole*.

Questo è ciò che che mi ha immesso in quel mondo fatato con i primi strumenti rudimentali e che mi ha stimolato ad andare avanti per migliorarmi sempre più (scuola, specializzazioni ecc.).

Ora questi preziosi strumenti sono nelle mie mani: *sicuri, certi* e *chiari*. E il mio bagaglio personale si è arricchito nel tempo, anche per merito della mia insanabile curiosità: mamma diceva sempre che ero una bimba molto curiosa. Oggi so che me lo diceva poiché era vero! «Mamma perché questo?» «Mamma perché quello?» Incessantemente. La mia mente creativa non aveva limiti. E non mi bastava mai.

Anche oggi, nelle mie giornate, il tempo scorre veloce alla continua ricerca di nuove scoperte, con nuove curiosità. Sono queste naturali inclinazioni che mi hanno portato ad assimilare le tante informazioni, preziose, sia nella vita sia nel lavoro, che scoprirai a breve.

Mio padre Antonio, per il quale nutro tutta la stima e il rispetto possibili, mi ha insegnato l'onestà, la disponibilità e la determinazione, caratteristiche preziose e fondamentali per vivere in pace con sé stessi; questi requisiti li ritrovo sempre in tutti gli aspetti della mia vita.

Qualunque sia il mio operato, sento di dovermi impegnare al massimo con tutte le risorse di cui dispongo e senza risparmiarmi in nulla. Solo a queste condizioni mi sento serena e riesco a non vivere mai di rimpianti.

Sono tanti gli episodi che confermano le mie parole. Uno fra i più significativi è il ricordo di quando, mentre eravamo a tavola riuniti a pranzo nel grande spiazzo davanti alla casa, dove era stata interrata la grande struttura per pesare i camion prima e dopo il carico del vino, si presentavano senza preavviso i contadini del vicinato che, avendo ritmi e tempi diversi dai nostri, si posizionavano per far pesare il carico dei loro carri. Mio padre, senza battere ciglio, lasciava il piatto caldo, qualunque fosse il cibo che lo riempiva, per andare generosamente verso di loro e dare la sua disponibilità gratuita.

Riconosco nei suoi gesti la grande magnanimità d'animo che lo ha sempre caratterizzato in tutta la sua vita e che, nonostante le vicissitudini avverse, non ha mai abbandonato. Ecco perché è un uomo che ho sempre stimato, e lo farò sempre.

Poi c'è nonna Anita (la madre di mio padre), che ho nel cuore e a cui hanno sempre detto assomigliassi. Sento di vivere per lei. Ero la sua Milì, un dolce vezzeggiativo sinonimo di "piccola mela". La sua presenza quotidiana nella mia infanzia ha dato valore alle mie giornate: da lei ho imparato ad apprezzare le cose belle, perché lei amava i bei tessuti e aveva buon gusto, e con lei ho "visto" un mondo diverso.

Io e lei ci capivamo benissimo e quando in età avanzata, a causa di un ictus, ha perso il senso del reale, posso dire che ero l'unica persona che la riportava alla realtà semplicemente chiedendole se gradiva ciò che indossavo: «Ti piace, nonna?» Con voce flebile, direzionando le sue mani ormai ridotte pelle e ossa verso di me, mi invitava ad avvicinarmi a lei per poter toccare e percepire quelle sensazioni lontane che tanto aveva amato. Un vago brillio attraversava i suoi occhi stanchi e malati e, con la sua bocca irregolare, trasformata dalla malattia, mi diceva: «Bello Milì!» E, di lì a poco, lo sguardo ricadeva nel vuoto dell'oblio.

Pensa che sono state le sue esperienze vissute in gioventù al servizio di una facoltosa famiglia di Ravenna che mi hanno aperto a orizzonti diversi: l'amore per la musica classica (che lei ascoltava dal loggione a teatro) che cantava sovente, intonando ritornelli ora de *Il barbiere di Siviglia* ora dell'*Aida*, e l'amore per la casa (amava lenzuola e tovaglie di qualità).

Ma i ricordi più vividi sono attualmente legati ad alcuni episodi vissuti insieme a lei come, ad esempio, ciò che mi ha insinuato quando mi portava ad acquistare i tessuti. Ecco perché tutt'oggi vivo quell'emozione che, inevitabilmente, mi invade ogni qualvolta tocco un tessuto, un piacere intrinseco che non ho mai più abbandonato.

Come ho anticipato, lei amava le cose belle e gli abiti di pregio, che faceva realizzare a suo piacimento da una sarta, scegliendo modello e tessuto. Perciò mi portava con lei ad acquistare i tessuti. Ora capirai perché più avanti riuscirò a parlarti dei tessuti nel migliore dei modi, potendoti trasmettere tutta la mia passione.

All'epoca era quasi un rito. Stabilita la giornata candidata, il solo pensiero del negozio che ci avrebbe ospitato già parlava di magia, con tutte quelle pareti rivestite di scaffali che contenevano tante e tante "barchette". Mai sentito questo termine? Beh, anch'io all'epoca non lo conoscevo. Ma presto ho imparato che si tratta della piattaforma di cartone o di legno leggero (ora prevalentemente di polistirolo), dalla forma rettangolare, usata per avvolgere i tessuti in maniera composta e ordinata.

Ricordo l'atmosfera del negozio. A quei tempi una luce quasi "lugubre" regnava fra quelle pareti, a causa della scarsa luce diretta. Sai perché? Perché i tessuti di qualità (che ora non esistono quasi più) con la luce si scoloriscono. Infatti i più preziosi erano avvolti da uno spesso foglio di carta che li conservava al riparo dai raggi luminosi.

Al nostro arrivo, la richiesta di mia nonna era subito accolta con slancio dalla titolare, la quale già sapeva dove mettere le mani per soddisfare l'esigenza. «Vorrei un *buon tessuto*»: così la voce di mia nonna la incoraggiava alla giusta ricerca.

Come anticipato, a lei i tessuti preziosi sono sempre piaciuti moltissimo (e io, di conseguenza, ho imparato ad amarli).

La proprietaria, fatta scorta di barchette avvolte di tessuto, rigorosamente coperte di carta, le appoggiava sul lungo e imponente bancone e,

"con un gesto maestro, tolto con cura l'involucro, srotolava con energia il primo tessuto della serie".

Questo gesto deciso faceva vibrare e riempire l'aria di quel meraviglioso materiale che, evanescente, dopo avere appagato i miei occhi di luce e di colore, trasformava quell'atmosfera, dapprima un po' tetra, in una sequenza di attimi di assoluta magia. L'effetto della fluidità e dell'evanescenza procurava ai miei occhi stupore e curiosità. È ancora uno dei miei ricordi più belli. Questa ripetuta emozione, che si verifica a tutt'oggi ogni qualvolta tocco un tessuto, mi porta a esternarne la gioia e la magia. Il tema dei tessuti è, a ragion veduta, da me particolarmente sentito.

Un altro emblematico episodio è successo al ristorante con i miei genitori, da piccola. Una domenica, a Cesenatico, in compagnia dei miei zii, vidi passare di fianco al nostro tavolo una donna. La mia attenzione di bimba fu letteralmente rapita da quell'incedere fluttuante e sensuale che un abito in seta verde (lo capirò tempo dopo) creava su di lei. Il fruscio di quel prezioso materiale ha segnato il momento e, nel tempo, quel "suono" è rimasto indelebile in me. Questi ricordi, radicati nel tempo, hanno segnato quel percorso che presto conoscerai. Grazie nonna!

Il nonno Michele, morto relativamente giovane, tanto da essere per me poco più di un ricordo, ha rappresentato il ruolo del capo famiglia. Sì, come ho anticipato, la nostra era la classica famiglia patriarcale romagnola. Ovvero, l'uomo vi regnava indiscusso (presto capirai quanto queste parole saranno fendenti come una lama affilata). La figura femminile, ovviamente, di secondo ordine. Lo dice il fatto che, dopo la nascita di mia sorella e la mia, quando è nato mio fratello, tutta l'attenzione è stata rivolta a lui in quanto era "il maschio".

E questa condizione (purtroppo) è sempre stata accettata da noi femmine come assolutamente normale.

Soltanto più tardi, un giorno in cui mio padre mi sollecitò a prendere lo zucchero per mio fratello, di ormai 10 anni, mi sono resa conto quanto non fosse giusto che fossi io ad alzarmi, quando lui stesso poteva farlo... Un piccolo moto di ribellione riplasmato in un naturale e lecito gesto di gentilezza.

A parte rari episodi, questa realtà ha continuato a essere presente sempre nella mia vita tanto che, riflettendoci, fino a poco tempo fa, potendo scegliere, avrei chiesto di nascere maschio proprio alla stregua del vissuto che ho avuto. La cosa curiosa è che, nonostante queste differenze e questa aria prettamente maschilista, amavo mio fratello, irresponsabile del ruolo.

Reputo il nonno il portavoce e, per certi versi, il responsabile di questa ideologia ma, a conti fatti, sono consapevole che la colpa non è stata sua, ma dei tempi (così pensavo). Attribuisco a mio nonno un'altra grande qualità. Forse per il ruolo che rivestiva, forse per l'autorità che trasmetteva, le sue parole erano "determinanti" in casa.

Ricordo, anche nel suo caso, un episodio che mi ha segnato e credo che abbia determinato la mia visione di me stessa. Pochi apprezzamenti, pochi gesti inutili, poche smancerie caratterizzavano la sua persona: era un uomo tutto d'un pezzo! Ma ciò che diceva il nonno era sempre molto considerato. Infatti ricordo ancora una frase che rimarrà per sempre a segnare la mia vita. La sento ancora risuonare, pronunciata con quella voce ferma e sicura.

In una domenica come tante, in occasione del rientro dalla Messa parrocchiale, in cui indossavo l'abito considerato "della festa" (tipico di quei tempi in cui nel giorno di festa si indossava l'abito migliore), mio nonno disse: «La Daniela sta bene anche con un bucalino (vasino da notte) in testa!» Questa frase, così concepita, potrebbe apparire insignificante, ma nella sua giusta chiave di lettura aveva un valore unico.

Il sottinteso stava a dire che io, pur piccina (lui è morto quando io avevo solo 8 anni) avevo la personalità per poter indossare qualunque cosa. Quanto è importante che qualcuno creda in noi? Hai mai sentito parlare di frasi potenzianti? Sono quelle frasi che ti insinuano sicurezza, certezza, e che ti rimangono addosso per tutta la vita. Per questo posso solo dire: grazie nonno!

Mio fratello Massimo. Sono stata vicina a lui fin da piccola, coccolandolo in quanto il piccolino della famiglia, e lo è sempre rimasto. Gli anni dell'infanzia sono passati veloci, ma il ricordo piacevole dei suoi soldatini e delle sue macchinine rimane fisso nella mia memoria. Giocoso e divertito, anche lui, come me, godeva appieno della meravigliosa libertà che ci era dato vivere in una casa fuori dal centro.

Mia sorella Tiziana. Se la tua fantasia te lo concede, prova a immaginare una persona che possa essere esattamente il contrario di quello che ti ho finora raffigurato di me. Sia fisicamente sia come personalità, mia sorella è sempre stata completamente l'opposto di me.

Introversa e schiva, molto brava a scuola, lontana da ogni distrazione di qualunque tipo, passava le giornate a leggere libri, mentre io ero fuori a giocare con gli altri bambini. A me piaceva tantissimo stare con gli altri bambini – così come adesso adoro stare con la gente – e il rapporto che ho sempre instaurato con loro era paritario e complice, mentre Tiziana preferiva isolarsi dentro un mondo fatto di lettere e numeri. A oggi Tiziana si è aperta di più alla gente, ma rimane invariabilmente timida e tendenzialmente schiva.

Ricordo alcune situazioni, come quando la notte mi svegliavo e lei dormiva in stanza con me. Fin da piccola, infatti, la notte mi svegliavo con un'idea in testa (sempre e solo abiti) e, per quanto cercassi di spostare il pensiero o di protrarlo al mattino dopo, non riuscivo a interrompere il flusso di pensieri che inondava prepotentemente il mio cervello. Un'idea brillante, sì, l'immagine nitida di un abito mi appariva davanti agli occhi, tenendomi sveglia con lo sguardo fisso nel vuoto.

Ipnotizzata, magnetizzata da quella visualizzazione che non poteva più allontanarsi da me, non riuscivo più a riaddormentarmi. Provavo a girarmi nel letto, a contare le pecore, eppure un modo per riaddormentarmi doveva esserci! Invece no, tutti i miei pensieri convogliavano lì. Fino a quando (se te lo dico, mi credi?) ero proprio costretta ad accendere la luce dell'abat-jour a fianco del mio lettino e, quatta quatta, con la mia manina, andavo alla ricerca di carta e penna, rovistando nel cassetto.

Pochi attimi, e la mia idea si manifestava sul foglio sotto il tratto della mia matita. Bello! Lo guardavo orgogliosa e soddisfatta, sotto la luce sopita delle poche candele della lampada, come se quel disegno, che prima occupava completamente la mia mente, appena riprodotto su carta e reso reale, fosse improvvisamente diventato *vero*. Ora perderlo era impossibile. Era lì, fra le mie mani, e niente e nessuno (neanche le tenebre) lo avrebbero più fatto scomparire.

Ora lo so, era la paura che quella visione svanisse a tenermi sveglia. Ma, ancora peggio, l'ansia di non poterle dare vita. Inevitabili i mugugni di mia sorella che, pur avendo il sonno pesante, veniva infastidita dalla luce insidiosa dell'abat-jour che le filtrava negli occhi. Nonostante il gesto furtivo della mia mano allenata al disegno (per il quale ho sempre avuto grande propensione), dopo quei pochi attimi, tastoni, spingevo il pulsante della lampada e, rasserenata, mi rannicchiavo sotto le coperte felice e appagata, certa che al mattino sarebbe iniziato il percorso con cui realizzare il mio "abito da sogno".

Oggi, a distanza di tanti anni, vivo la stessa emotività ogni qualvolta mi si presenta una nuova idea ma, a quei tempi, quanti lamenti da parte di mia sorella! Ovviamente è facile capire che eravamo molto diverse anche in questo: lei è molto tecnica, mentre io sono sempre stata una bimba molto fantasiosa e sperare che mi capisse era "chiedere troppo".

Una nota di dolcezza però la ricordo bene nei confronti di mia sorella che, proprio perché dormiva in stanza con me, e leggeva i suoi libri, durante l'estate, al risveglio, mentre era concentrata nella lettura, io la ritraevo nei miei disegni. Sì, mi piaceva dipingerla mentre, concentrata sul libro di turno, avvolta solo dalle lenzuola, giaceva distesa sul letto. In questi momenti le ero veramente molto vicina.

La famiglia che ho appena descritto era parte integrante di una più grande famiglia che, da parte di madre e di padre, annovera nel suo insieme tante belle figure umane di cui sono sempre andata molto fiera: gli zii e i cugini.

In occasione di un evento speciale che ci ha visto uniti a pranzo, mi sono resa conto di come ognuno di loro mi abbia dato e insegnato qualcosa di meraviglioso (fra esperienze di vita ed esempi), qualcosa che porterò sempre addosso e che è la base del mio modo di guardare sempre avanti con il sorriso, nonostante le difficoltà.

Capitolo 2:
I passi necessari

La famiglia che ho appena descritto la decanterò sempre, perché fondamentalmente mi ha concesso di esprimere la bambina che ero. Sottolineo questo passaggio poiché sono consapevole che non a tutti è dato di essere sé stessi... lo imparerò mio malgrado nel tempo.

Quella mia natura aperta e curiosa era vivida come in ogni bimbo, manifestando la mia propensione, e

"infatti sono partita proprio da lì, dalla mia bambola: Lola."

Unica bambola da me posseduta, ma tanto amata da conservarla nel tempo.

Guardarla ancora oggi mi ricorda i momenti spensierati di una bimba che, mentre gioca e assapora il suo presente, vive dentro a una realtà parallela. Perché i bambini si immedesimano così profondamente in ciò che fanno, ci credono e lo vivono con una tale intensità che per loro, in quel momento, non esiste altro.

Sì, quella ero io, intenta a studiare il motivo per cui il pantalone avesse il cavallo posteriore più lungo di quello anteriore. Oggi mi chiedo perché fossi così incuriosita da quel quesito. Probabilmente stava già nascendo in me il gusto di dare un senso a quel piccolo pezzo di tessuto ricevuto in dono da mia mamma. Un "avanzo" del tutto inutile per chiunque, ma molto prezioso per me. Avevo in mano quello che poi si sarebbe trasformato nel "pantalone" della mia adorata Lola. Con le forbicine, l'ago e il filo. Da lì è iniziato tutto!

Ti racconto della mia realtà, perché immagino che sia un po' anche la tua o, se non altro, che vi si avvicini. Mi sbaglio? Mi riferisco alla nascita del sogno di una bambina che, giocando con le bambole, stava preannunciando il proprio futuro (come è successo a me) oppure che, senza rendersene conto, lo depositava in un cassetto in attesa che crescesse l'interesse e sbocciasse solo in un secondo momento (come può essere per te).

Adesso so perché il pantalone deve avere il cavallo posteriore più lungo di quello anteriore. Ma andiamo per gradi. Prima di entrare nel reale mondo didattico della scuola, ho avuto il piacere di andare alla materna dalle suore di un paese vicino (Granarolo).

La mia natura solare e disponibile mi ha da subito regalato momenti di teneri ricordi: Suora Immacolata, che capiva la mia difficoltà a dormire nel pomeriggio (prassi per tutti i bimbi), mi prendeva con sé e, accarezzandomi, mi rifaceva le treccine con amore.

Mi piaceva aiutare ad apparecchiare i tanti tavolini della mensa mentre, nell'aria della grande sala ancora vuota, inalavo l'inebriante odore dello stufatino di cui non dimenticherò mai il sapore.

Creavamo composizioni fantasiose con materiali vari (conservo ancora disegni fatti con le lenticchie e quadretti realizzati con l'utilizzo del riso) precorritrici delle attività ricreative delle elementari e grande stimolo creativo.

Ma il mio momento "speciale" (che ho vissuto per alcuni anni anche nelle estati delle elementari) era nel caldo pomeriggio, quando, dopo il riposo, al fresco del pergolato, assieme ad altre bimbe che avevano scelto questa attività, mi mettevo a ricamare (tanti punti che poi ritroverò simili nel cucito).

Dimenticavo! Con noi c'era anche Luca che, pur essendo un bimbo, adorava questa pratica, e lo capisco, anche se per l'epoca era alquanto anomalo.

La manualità si acquista fin da piccoli, e l'utilizzo di ago e filo sono divenuti parte integrante della mia vita (buffo come abbia sempre rifiutato il ditale). Punto palestrina, punto erba, punto pieno:

"le mie piccole dita, in un intimo contatto sensoriale, gestivano filo e trama del tessuto come un gioioso andirivieni di colori e forme che prendevano vita dalla mia volontà. Facile, stimolante e molto soddisfacente".

Anche le scuole elementari hanno rappresentato anni bellissimi, in una piccola scuola di campagna che conteneva 5 classi per un totale di 28 bambini. Inutile dire come questa realtà fosse idilliaca. Le maestre erano quasi delle mamme, durante la ricreazione si giocava all'aria aperta, nell'erboso cortile dietro lo stabile e spesso si organizzavano escursioni didattiche in bicicletta. Per rendere l'idea del clima familiare, quegli anni erano caratterizzati dall'interagire tra i bambini più grandi e quelli più piccoli (ovvero, i bimbi che erano in quinta elementare seguivano quelli che stavano in prima).

Parallelamente alla scuola, anche la vita di paese si presentava come fosse una grande famiglia. In tutti i piccoli paesi, il punto nodale era rappresentato dalla parrocchia e io, come tutti i bimbi, l'ho sempre frequentata seguendo le animazioni suggerite. Dai canti alla dottrina, ad attività ricreative quali le recite parrocchiali e così via.

Tutt'altra realtà alle scuole medie, frequentate in un paese più grande, Cotignola. Ricordo di quegli anni, rispetto ai precedenti, il rigore che vigeva all'interno delle classi, che era di tutt'altra natura. Tanti bambini assieme nella stessa aula, orari definiti, tempistiche e richieste molto più determinate hanno lasciato in me un ricordo più freddo.

La scelta delle scuole superiori non fu facile poiché, nonostante gli insegnanti sottolineassero ai miei genitori la mia spiccata propensione per il disegno, la mia richiesta di frequentare l'istituto d'arte non fu considerata. Come ho anticipato, la mia famiglia possedeva un'azienda vitivinicola e, giunta alla scelta dell'orientamento professionale, avevo di fronte solo due vie: Ragioneria (per seguire la parte tecnico-amministrativa dell'azienda) o la possibilità di diventare enologa.

La mia natura estroversa mi ha "impedito" la scelta tecnica, per cui, inevitabilmente, mi sono orientata verso la specializzazione in enologia. Questo indirizzo scolastico mi ha concesso anche di lavorare nell'ambito dell'azienda familiare, durante l'estate, a stretto contatto con le operaie della catena dell'imbottigliamento o nel laboratorio per la realizzazione delle analisi del vino. Ma, pur non mancando agli impegni familiari, non ho mai perso di vista il mio sogno.

Non era possibile esimersi dal ruolo in famiglia, l'insegnamento era chiaro: avevano cresciuto una ragazzina di cui erano fieri e che rispondeva tacitamente ai requisiti di brava, bella e buona. Hai presente quando ci tieni a dimostrare con tutto te stesso di essere degno di un riconoscimento positivo il quale ti sottopone a un grande senso di responsabilità? Questo stato d'animo mi accompagna tutt'ora, e ne sono fiera, ma ti posso garantire che per tanti anni è stato il più grande limite che potevo autoimpormi.

Parallelamente a questa mia realtà, continuavo a far crescere il mio "seme" per il mondo della moda. Seguivo instancabilmente mia madre, bravissima e molto precisa, la osservavo molto attentamente, senza emularla ma carpendo il senso dei suoi gesti, respiravo la sua passione e l'assemblavo alle mie vedute. Lei era una brava modellista e una sarta fantastica, ma aveva una carenza che tutt'oggi sottolinea: nessuna manualità nel disegno e poco senso artistico. Come, del resto, succede a tante sarte, che tecnicamente sono professionali e precise, in grado di riprodurre capi ben fatti, ma difettano di un'apertura mentale non sempre adeguatamente sollecitata.

Anche nel mio lavoro mi sono trovata, nel tempo, a "combattere" con figure professionali che, timorose di uscire dai canoni conosciuti, erano sempre molto limitate nell'espletare nuove dinamiche sartoriali. Ora so che queste persone, se indirizzate a guardare con tecniche nuove e altre vedute verso un ampliamento dei loro orizzonti e giustamente stimolate, possono davvero dare molto di più nello sviluppo del loro lavoro, che potenzialmente non ha limite.

Non è stata solo mia madre la mia fonte di insegnamento, poiché ho seguito diversi corsi privati prima di poter conseguire, più avanti, il mio Diploma nel settore, con specializzazione in Psicologia della moda (con tesi inerente). Stavo creando le basi per i rudimenti di quella che sarebbe poi stata la *vera* scuola. Non l'istituto che mi ha accolta, né i tanti libri che ho avuto e che tutt'ora consulto; ciò che mi ha davvero forgiato è stato vivere a stretto contatto con le grandi professioniste/i che avrei incontrato nel corso degli anni quali collaboratrici nelle aziende e nel privato. Un incredibile bagaglio di stimoli e di nozioni che tu stesso giudicherai.

Stavo per concludere le scuole superiori e procedere verso l'indirizzo di enologia a Conegliano Veneto, quando l'arrivo degli anni Ottanta segnerà per la mia famiglia, e secondariamente per me, una vera e propria tragedia. Il metanolo, elemento componente all'interno del vino, provocò delle morti in tutta Italia e tutte le aziende del settore ne furono inevitabilmente coinvolte. Compresa quella della mia famiglia.

In quegli anni mio padre stava rispondendo a una più ampia richiesta di lavoro realizzando una nuova e grande ala fabbricata oltre il blocco cantina già esistente: nuovo impianto di imbottigliamento potenziato, nuova serie di enormi serbatoi atti a contenere volumetrie imponenti di vino. L'improvvisa allerta e il terrorismo mediatico bloccarono il flusso naturale del commercio vitivinicolo per cui tutte le aziende si trovarono nell'impossibilità di svolgere la loro naturale funzione.

L'impellente blocco determinò una realtà parallela a conseguenza di un'impossibile gestione delle finanze che, aggiunta alle alte aliquote degli interessi che le banche richiedevano (fino al 21%)

per i capitali presi a prestito, portò tante aziende del settore all'inevitabile fallimento.

Tutti gli sforzi di mio padre per mantenere in piedi l'azienda furono vani. All'epoca io avevo solo 18 anni e le uniche in grado di lavorare erano mia sorella e mia madre.

"Sono seguiti tempi molto duri sia economicamente sia psicologicamente"

ed essendo per fortuna una famiglia unita, con grande fatica e tanta dignità abbiamo vissuto le conseguenze. La cosa davvero più dolorosa che ci ha travolto è stato l'atteggiamento delle persone del paese e, come spesso accade, non mancarono occasioni in cui alcuni balordi manifestarono palesemente atteggiamenti inusitati.

Questo tracollo familiare ci costrinse tutti alla ricerca di un'occupazione, poiché un fallimento di questa portata non solo spazza via tutti i capitali, ma crea una voragine di debiti. Mio padre, dapprima impegnato nella disperata speranza di riattivare l'attività, si vide poi costretto a ripiegare su un lavoro di rappresentanza.

La mamma proseguì il suo lavoro di modellista e lo sviluppò eseguendo la confezione di capi su misura anche per alcuni negozi. Mia sorella, appena diplomata ragioniera, iniziò a svolgere il suo lavoro presso l'istituto oncologico locale, mentre io, ancora studentessa, dopo avere interrotto improvvisamente gli studi, mi guardai attorno per cercare una soluzione e dare il mio contributo.

Per avere risultati immediati, avrei anche eseguito faccende domestiche, ma il destino mi riserbò ben altro. Stavo prendendo la patente quando, con un'amica a Faenza, leggemmo l'annuncio di una signora che cercava ragazze da avviare al mondo delle indossatrici.

La mia necessità di iniziare a lavorare poteva essere esaudita.

"Potevo anche io apportare il mio contributo in famiglia"

Insieme alla mia amica iniziammo un percorso formativo che mi concesse di entrare nel mondo della moda attraverso questa nuova via. Inutile dire che, a 18 anni, il mio aspetto si era veramente evoluto. Mentre invece, dai 12 ai 14 anni, durante le scuole medie, quando le mie compagne avevano già un aspetto da donne, io ero ancora una bimba con tanto di calzettoni. Le guardavo atteggiarsi da "grandi", corteggiate dai ragazzi.

La mia natura semplice e ingenua era ancora molto vivida. Anche la mia altezza non era ancora definita ma, di lì a poco tempo, qualche centimetro in più fece la differenza. L'altezza minima richiesta per diventare indossatrice doveva essere superiore al metro e 70 (e con un fisico longilineo). Il mio corpo era l'opposto dello stereotipo romagnolo (gambe corte e fianchi bassi) e solo a quell'età ne ho avuto la consapevolezza.

In quel periodo ho rivisto le mie ex compagne di scuola delle medie, donne ormai "passate", mentre io ero appena sbocciata…. la storia del "Brutto Anatroccolo".

Diventare indossatrice mi ha immesso nella realtà della moda vista con gli occhi dei negozianti, con le caratteristiche e le esigenze della clientela e non solo. Ho lavorato anche in affiancamento dei rappresentanti nelle collezioni di aziende molto prestigiose (Loro

Piana, Domina ecc.).

Tutto questo stimolava ulteriormente la mia fantasia e il buon gusto (che ritengo debba essere "coltivato"). L'abbinamento delle forme, l'equilibrio delle linee e l'assemblaggio dei colori li ho vissuti proprio in questo frangente: provare capi diversi in più soluzioni (richiesta specifica dei negozianti in fase di studio di ogni outfit) e negli shooting fotografici con diversi accostamenti a verifica della migliore efficacia.

A quel tempo i brand di moda stavano evolvendosi alla velocità della luce e il mio stimolo non aveva pace. Gianfranco Ferré è nato come designer proprio in quel periodo, così come Alberta Ferretti. Molti altri li ho "visti nascere" e li ho scrupolosamente studiati. Le mie amiche, o meglio le ragazze che frequentavo, cominciavano a complimentarsi con me per i miei abiti, definiti originali e unici. Mi soddisfaceva moltissimo questo apprezzamento perché, fin da piccolina, come ho già sottolineato, desideravo solo abiti che parlassero di me e se la mia amica, o chi per lei, indossava un bell'abito, il mio stimolo era di realizzare qualunque cosa opposta, che fosse *solo mia.*

A te piace immaginare di ritrovarti a una festa o a una cerimonia dove c'è un'altra donna che indossa il tuo identico capo? Brrr... non oso pensare come ci si possa sentire! Paragonati in tutto e per tutto, senza un'identità, per me equivale a scomparire, a dissolversi tra la massa... Una nullità!

Te lo dice il fatto che, ad avvalorare tutto questo, di fronte al mio lettino in camera, c'erano 2 armadi di legno accostati, uno più basso e uno più alto.

Aprendo gli occhi al mattino, ciò che mi appariva era la luce della mia ultima creazione, il capo in bella vista. Lo guardavo soddisfatta e so bene quanto la mia vocina interiore mi dicesse che l'immagine che riempiva completamente i miei occhi era per me l'abito *più bello del mondo.*

E lo era veramente. Lì dentro c'era tutto ciò che io volevo mi rappresentasse: colore, forma, lunghezza, linea. Niente mi avrebbe appagato di più. C'è forse qualcuno che può rappresentarti meglio di come lo puoi fare tu, una volta che hai imparato come fare?

Da qui la mia scelta nel tempo di evitare rigorosamente abiti d'altra produzione, e…

"tanto meno firmati da uno stilista famoso, che, per quanto bellissimi, rappresentano una donna sempre troppo diversa da me".

Guardarli, osservarli e riprenderne solo i tratti che mi sono consoni, proiettati in un contesto diverso, era l'inizio di un processo deviato dalla mia mente verso le mie esigenze.

In questa fase della vita, in un arco temporale relativamente breve (circa 2 anni), ho insegnato a Ravenna, a corsi per indossatrici, sfilato per negozi o per aziende e brand di vario genere, frequentato splendide sfilate a Milano durante la settimana della moda, partecipato a concorsi di bellezza, vissuto esperienze nel mondo dello spettacolo.

Puoi immaginare quanto queste esperienze stimolanti potessero essere utili come trampolino di lancio per concretizzare la mia sviluppata creatività e mettere le basi di un futuro all'insegna della moda. Conoscevo persone e aziende, tutto il necessario per "buttarmi" appieno nel settore.

Avevo tutte le basi per il mio futuro, ma questo percorso avrebbe subìto invece un brusco e inarrestabile cambiamento.

Del mio periodo da modella non ho purtroppo foto da mostrare perché qualcuno, di cui ti parlerò presto, me le fece strappare tutte. E la beffa fu che, nonostante io abbia ubbidito, lui non mi credette e mi accusò di averle nascoste. Ma andiamo per gradi...

Capitolo 3:

Il vero problema

Da donna a donna:

"Cosa si sogna a 19 anni? Sono un'inguaribile romantica e, se dovessi rispondere a questa domanda, per certo ti direi: l'Amore".

A tutt'oggi non so dire se sia perché ce lo hanno inculcato o se semplicemente sia frutto del corso della vita, il fatto che, prima o dopo, l'idea dell'amore ci invada e ci porti in percorsi sconosciuti.

L'amore come sentimento puro è ciò che muove il mondo, quel sentimento che parla di benessere e beatitudine, che dicono che migliori – mi correggo, "dovrebbe migliorare" – grazie al suo apporto, la nostra vita.

La destabilizzazione causata dal turbine del fallimento dell'azienda vinicola aveva messo tutti alla prova e ridare una parvenza di normalità alla nostra vita familiare non fu affatto facile. Ognuno di noi si impegnò in questo, ma tutti accusavamo i colpi, chi in un modo, chi in un altro. Non intendo attribuire a questo la responsabilità delle basi di ciò che starà per accadere, ma per certo ero molto vulnerabile.

«Mia cugina è indossatrice!» «Non ci credo!» obietta lui. Afferro la frase, giro lo sguardo incredulo da sotto la larga tesa del cappello nero verso la sua direzione e raccolgo la sfida, tanto che, pur essendo una fredda sera di gennaio,

"Scendo dall'automobile, sicura e protetta nel mio look total black (stivale, cappotto cappello e guanti) e me lo trovo davanti"

La sua figura imponente (più alto di me di oltre 10 centimetri), lo sguardo tenebroso e guardingo proveniente da bellissimi occhi color ghiaccio incorniciati da scuri tratti mediterranei e il suo fare apparentemente spavaldo (tipico di chi è timido) mi circuiscono e, dopo un approccio amichevole, palesemente interessato, mi chiede il numero di telefono.

Quella sera io, mia sorella e mia mamma avevamo fatto visita, come era usanza in quegli anni, a una zia, moglie del fratello del mio papà. Mia cugina, sua figlia, che stava prendendo la patente nonostante fosse più grande di me, chiede a mia sorella di andare a fare un giro in automobile con lei. Come già detto, mia sorella è una persona schiva, perciò rifiuta l'invito che, di conseguenza, viene poi rivolto a me, anche se più piccola e da poco patentata, quindi inesperta. «Vai con la Antonella, che sta prendendo la patente», incita la zia.

Pur non essendone convinta, ma disponibile, accetto di aiutare mia cugina, certa che volesse davvero guidare un po' per imparare, poiché prossima all'esame. «Chiudi la portiera con la sicura» mi dice.

Eseguo incuriosita, ignara di ciò che ha in mente. Pochi minuti dopo capisco il suo intento: vuole incontrare un bel ragazzo, così come lei lo definisce, a cui ha dato il numero di telefono ma che lui non ha mai utilizzato.

Premetto che mia cugina aveva molta "dimestichezza" con i ragazzi, atteggiamento che io, francamente, vissuto in modo così sfrontato e disponibile, non condividevo.

Già sa dove cercarlo e così fa, fino a quando, con la sua auto, dopo un gioco di andirivieni, lui la sorpassa e la blocca davanti all'ospedale. Lei abbassa compiaciuta il finestrino e io, dopo avere capito la mossa, mi assento nei miei pensieri, indisposta a causa del trabocchetto in cui ero caduta.

"È stato questo il nostro incontro"

Dal corridoio di casa, il mattino successivo, lo squillo del telefono erompe nell'aria fino ad arrivare alla mia camera. All'epoca non c'erano i cellulari e, quando la sera prima avevo dato il numero di casa a lui, certamente non potevo pensare che lo memorizzasse correttamente.

A 19 anni e mezzo, appena terminata una storia platonica di 4 anni con un ragazzo, avevo interrotto, pochi giorni prima, una conoscenza rivelatasi una delusione e, pur avendo tante conoscenze, non sono mai stata incline a una facile disponibilità, anche a causa del mio credo cattolico. La nostra conoscenza ha seguito un iter da amici, tanto che l'avevo invitato a casa mia, ambiente dove lui aveva lavorato a mia insaputa, per conoscere mia nonna.

Lui era ciò che si definisce un bel ragazzo (anche se non rispondeva ai canoni di bellezza miei preferiti) e, sin dal nostro primo approccio, parlando della mia realtà di indossatrice, lo avevo invitato a entrare nel settore. Scoprirò di lì a poco che la sua natura era tutt'altro che incline al mettersi a disposizione. Siciliano di origine, gentile e disponibile, un fare apparentemente pacato, lontano dall'atteggiamento "rustico" dei ragazzi romagnoli, nei giorni seguenti si offrì di accompagnarmi ai miei appuntamenti di lavoro disponendo di un ampio tempo intervallato al suo lavoro.

La sua chiara dedizione e la mia apertura verso questa nuova realtà crearono quel mix che presto si sarebbe trasformato in reciproco interesse. Il vero denominatore comune, ora ne sono certa, era rappresentato da un reciproco bisogno di essere accolti: lui poiché era lontano dai familiari che risiedevano in Sicilia, io poiché ero alla ricerca di un nascondiglio in cui la realtà familiare non potesse entrare con il suo turbinio infernale.

Una mattina, alcuni mesi dopo, davanti alla stazione ferroviaria, scende dalla *Citroën*, avanza, mi guarda sorridendo, si avvicina e mi bacia. Mi immergo nella profondità dei suoi occhi e in quell'istante capisco che sono diventata sua. Lo ricordo come fosse appena successo. Mi ero innamorata! Lo scrivo con assoluta certezza poiché so che, valutando le frasi e i valori che uscivano nelle nostre conversazioni e che non erano in linea con le mie vedute, zittivo la mia voce interiore poiché avevo perso la mia obiettività.

L'estate che seguì fu all'insegna della felicità. Il mio lavoro si stava espandendo, lui a volte mi seguiva di buon grado nel parterre delle sfilate, in compagnia dei miei genitori che spesso mi accompagnavano.

Il nostro primo viaggio nella "lontana Sicilia", in auto, si rivelò un'esperienza inedita e meravigliosa:

fui accolta e apprezzata dai tanti suoi parenti e quelle parole incise al tramonto sulla spiaggia, "ti amo", mi diedero la sensazione di avere toccato il cielo con un dito.

Terminata l'estate, il suo atteggiamento nei miei confronti cominciò ad avere un graduale cambiamento di rotta.

A partire da un atteggiamento titubante fino alla completa chiusura dei rapporti con i miei parenti (diceva che non era accolto), al graduale allontanamento dalle amicizie (dalle mie amiche e dai miei amici), finanche alla reticenza verso ogni lavoro che mi veniva proposto.

La mia totale dedizione al sentimento che mi univa a lui mi imponeva di fingere di non vedere ciò che stava succedendo. Capito il potere che aveva su di me, stava cominciando a possedere le mie azioni. In altri termini, ora so che ciò che lo muoveva era un'inspiegabile *gelosia*.

L'autunno inoltrato diventò il fulcro della prima vera scena agghiacciante, preludio di una sequenza senza fine. «Dove sei andata nel pomeriggio?» «Sono andata con Tiziana (mia sorella) dall'Anna a vedere le foto del suo matrimonio dello scorso anno, come ti avevo detto».

Anna, una mia amica, nonché paesana, con la quale l'anno precedente avevo insegnato la dottrina ai bambini più piccoli in parrocchia, per l'amicizia che ci univa mi aveva invitato al suo matrimonio in compagnia del mio "fidanzatino", mia sorella, anch'essa fidanzata, e amiche varie.

"Quel sabato sera, dopo che mi era venuto a prendere da casa e ci stavamo dirigendo verso Forlì, sul tratto della Via Emilia che unisce Faenza a Forlì, successe ciò che ancora mi agita solo a scriverlo".

«E perché ci sei andata?» mi chiede con un tono fermo che lascia percepire qualcosa di minaccioso. «Perché mi ha invitata a scegliere le foto, cosa c'è di male!» rispondo apparentemente tranquilla, quasi a captare un'inquietudine di fondo.

Realizzo, di lì a pochi attimi dopo, che la sua domanda rivela dei sottintesi a me ancora sconosciuti: sei andata per incontrare il tuo ex, sei andata per rivederlo, aspettavi un'occasione e hai trovato il momento grazie a tua sorella... Un'infinità di assurdi annessi e connessi che hanno "caricato a molla" la sua mente tanto da farlo esplodere in un'ira inaudita, una furia!

Stava guidando e le sue parole, la sua voce e i suoi atteggiamenti acquisirono un fare "indicibile". La sua terminologia si modificò improvvisamente dall'italiano a un dialetto siciliano a me assolutamente incomprensibile all'epoca, la mano destra a frugare in maniera agitata sulle mie gambe alla ricerca dei fuseaux che indossavo sotto un road manto invernale, lo sguardo vitreo (che vedo per la prima ma non ultima volta) e una rabbia incontenibile.

Attonita, impietrita, tutta l'adrenalina che avevo in corpo irrigidì i miei movimenti mentre, con gesti violenti, mi strappava i fuseaux dal corpo e, dopo avere abbassato il finestrino, li gettava violentemente fuori con rabbia. La mia decisione di andare dalla mia amica non rispondeva al suo volere e me lo aveva fatto capire chiaramente. Molto chiaramente.

Mi risuonano ancora nelle orecchie le parole che, molti anni dopo, avrei sentito la mia voce ripetere alla polizia, mentre raccontavo il primo gesto di violenza subìto a cui non mi sono ribellata.

Mi auguro con tutto il cuore che nel tuo vissuto nulla di neanche analogo ti abbia sfiorato, ma chi ha vissuto momenti simili sa con esattezza che un gesto di aggressività subìto inibisce la mente a causa della percezione della *paura*. Mai nella mia vita avevo assistito a così tanta rabbia/aggressività.

Oggi penso che quella parte animale che abbiamo latente, da quasi tutti gestita con raziocinio, in quei momenti fuoriesca con un impeto e una potenza inauditi e che, sempre per la stessa recondita natura, la paura sia istintivamente ciò che ci preserva: o facendoci scappare (cosa che non potevo fare con l'auto in corsa) o facendoci restare immobili e marmorizzati come se non esistessimo (reazione che avrei adottato in altri episodi a venire).

Inutile dire che dare una giustificazione a questo primo evento non fu facile, ma l'entità dell'accaduto fu spenta da un suo successivo atteggiamento di scuse e di disponibilità che mi portò a sotterrarlo come un caso unico. Volevo che fosse così!

"Ovviamente mi sbagliavo e quella sua prima reazione alla mia capacità decisionale segnò solo l'inizio"

di tanti anni di impedimenti e infiniti limiti, nonché di fatica e tanto dolore, che solo ora riesco a guardare con la lucidità e tutta l'obiettività di chi è riuscito a liberarsene.

Sì, perché ero lontana dal sapere che l'atteggiamento di "remissione" da lui adottato a seguire sarebbe poi entrato in un circolo vizioso che prevede un episodio di aggressività a cui segue una tregua di "pentimento/remissione", tipica delle persone violente, per poi ritornare a gesti aggressivi, in un continuo senza fine. Ma credimi se ti dico che è stato come entrare dentro un vortice in cui ogni giorno, pur combattendo con tutta me stessa, sprofondavo sempre più giù, giù in un abisso da cui tante persone non riescono più a uscire, fagocitate da una realtà parallela che solo a viverla assorbe tutte le energie, finché non hanno più fisicamente la forza per poterne uscire.

Un inferno interiore che logora ed esaurisce a cui tante donne come me soccombono inermi, incapaci di trovare una via di uscita. La mia vera forza era rappresentata dal sole che mi portavo dentro dall'infanzia, la positività, il desiderio di trovare il bello in tutte le cose, che mi avrebbe aiutato a trovare nella mia passione per il mondo del cucito il modo per salvarmi.

Ero innamorata e volevo dimostrare che bastava essere brava, buona e bella (il mio bisogno di compiacere), rispettare il mio ruolo femminile (concedendo a lui l'autorevolezza del maschio) e tutto avrebbe avuto il giusto epilogo. Certo, i problemi esistevano, ma io, positiva, ero convinta di poterli affrontare tutti, cosicché, anno dopo anno, a ogni ostacolo trovavo una soluzione, una pezza per coprire ciò che non andava, cosa che facevo, ad esempio, nell'ambito del lavoro.

Tutte le parole che conosco sono comunque poco esaustive per esprimere quanto io porti dentro a ogni mia cellula la passione per il mio impegno lavorativo.

L'ho sempre vissuto con una gioia tale che mai e poi mai lo potrei definire solo un lavoro, e a quella età stava esplodendo in me, anche e perché sollecitata dalle esperienze condotte in prima persona nelle aziende: il desiderio era quello di realizzare i miei sogni iniziando a creare abiti.

Inutile dire come il lavoro da modella era decaduto in men che non si dica, poiché essere in bella vista davanti alla gente era a lui sempre meno gradito. L'ultima sfilata di pellicce (qualche tempo dopo l'episodio citato) a cui avevo detto di partecipare, a causa delle continue e insistenti sue parole che definirò solo "demotivanti", non l'ho proprio vissuta, poiché presagivo l'epilogo... di lì a poco confermato!

«Ero all'uscita dell'autostrada, ho aspettato ore che tu passassi, e meno male che non ti ho visto se no...» Quelle parole permeate di tutta una minaccia già mi fecero rabbrividire.

Meno male che non sono andata! Fu questo ciò che dissi a me stessa, consapevole del fatto che la sensazione di pericolo si stava già espandendo dentro di me e che migliaia di neuroni trasmettitori avevano raggiunto il mio cervello dando un segnale inequivocabile. Quando si era reso conto che riusciva a fare tacere il mio entusiasmo in maniera a dir poco "categorica",

"Ogni occasione era diventata buona per imporsi alle mie volontà."

In primis ci fu l'imposizione (mi fece promettere) di non fare mai più sfilate nella mia vita o di espormi davanti a un pubblico. Ehm... ecco perché si arrabbiò tremendamente quando, circa 10 anni dopo, organizzai una sfilata molto importante nella mia città (all'epoca non avevo ancora figli) e decisi di presentarla. Ma andiamo per gradi.

Terminata bruscamente la carriera di indossatrice, il mio intento era quello di iniziare la mia attività nel mondo della moda. Non avevo disponibilità economiche se non i soldini messi da parte con il lavoro di indossatrice, pochi per creare delle collezioni, quindi pensai di partire con negozio di tessuti che mi avrebbe consentito un "rientro più veloce".

Nell'attesa che il comune autorizzasse la vendita, e avendo l'esigenza di guadagnare, insieme iniziammo una realtà con il network marketing. Sarà questa mia prima esperienza di pochi mesi davanti a un pubblico che ascoltava le mie proposte a farmi capire quanto mi piace il rapporto con le persone adulte (a conferma delle relazioni che avevo con i bambini).

La completa gestione dell'attività comprendeva tutto il processo che andava dagli acquisti (che spesso effettuavo in compagnia con lui), alla relazione con le clienti, fino all'organizzazione generale. Viene da sé che, ogni stagione, organizzassi eventi al fine di mostrare le novità. Appena preso completamente possesso della situazione, fu inevitabile decidere di realizzare anche delle sfilate, all'epoca molto diffuse.

Di lì a poco, non appena il lavoro prese piede, convinsi mia madre a seguirmi per la gestione delle collaboratrici (le sarte). La mia passione per questo mondo si stava fortemente espandendo.
Molte delle basi sullo studio dei tessuti partirono proprio da qui.

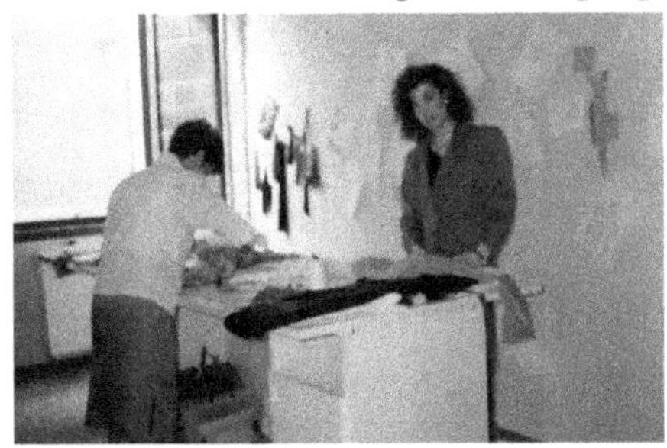

Iniziammo a frequentare le fiere del settore a Milano e i tanti rappresentanti che portavano il loro sapere in negozio, con le novità arricchirono fortemente il mio bagaglio di nozioni sul mondo dei tessuti e degli accessori.

Iniziò in questo periodo la mia prima collaborazione con le aziende di abbigliamento e fui convocata per realizzare capi di *alta moda* come stilista. Che emozione! Ero lusingata e agitata al contempo.

L'ideazione e la relativa creazione, con fantastiche sete e tessuti di gran pregio, fu un'esperienza unica che determinò fortemente la mia voglia di crescere in quel mondo.

Dopo circa 4 anni, il lavoro si era talmente sviluppato che

decidemmo di spostarci in centro, in uno splendido palazzo antico. In tutto questo percorso, lui mi seguiva spesso, presenziando le mie giornate, e la ricorrente gelosia purtroppo non mancava mai.

Lo facevano indisporre situazioni banali, quali ad esempio il mio desiderio di cambiare abito che, nelle afose e caldissime giornate estive, è un'esigenza lecita a metà giornata, ma che lui interpretava come la volontà di mettermi in mostra nelle aziende o ai venditori. Recentemente ho incontrato una delle mie sarte, Anita, che mi ha riportato alla memoria quante volte ho pianto dietro ai mille limiti che mi venivano imposti inutilmente. Fra i tanti, un impedimento che a tutt'oggi non capisco come possa avere accettato: l'imposizione di farmi cambiare abito poiché definito "troppo bello". Da non credere!

Ti spiego, avevamo pochissime possibilità (quando l'ho conosciuto non aveva un soldo neanche lui) e le nostre rare uscite (pizza o cena con amici) per me erano grandi occasioni. Come precedentemente anticipato, fin da piccolina vivevo l'attesa della festa con in mente l'idea di un abito, e lo stesso mi succedeva anche dopo (ovviamente), con la differenza che lui, alla comparsa di una mia nuova immagine, dopo che avevo realizzato l'abito che agognavo, indispettito dalla gioia che trapelava nei miei occhi, mi imponeva di andarmi a cambiare. Sì, hai letto bene, purtroppo.

A me che vivevo quel momento con un piacere unico, *impediva* di indossare l'abito che tanto significava per me! Ti rendi conto che a me, proprio a me che ho vissuto gli abiti come *massima* espressione della mia personalità e come modo di potere dare vita a ciò che ho dentro, mi veniva *negato*? Ecco perché io farò *tutto* quello che è in mio potere per insegnare, a chi volesse imparare, a creare i propri abiti esattamente come li desidera. Proprio perché so benissimo quanta frustrazione e quanto dolore si celino dietro l'impossibilità di potersi esprimere con un *abito*.

Ancora mi si blocca il respiro ritornando con la memoria a quella domenica (primo anniversario di matrimonio) in cui, entusiasta di poter festeggiare la ricorrenza al ristorante, avevo realizzato un'evanescente gonna doppia in chiffon di seta plissettata rosa antico, incrociata davanti e dietro, da me tinta insieme al lino che costituiva la giacchina intagliata di pizzo in tonalità di colore. Tanto era il mio entusiasmo quanto lo fu l'indicibile frustrazione e lo strazio di sentirmi dire che non mi voleva portare fuori così vestita. Quante lacrime e quanto avvilimento hanno contraddistinto l'intera giornata terminata in casa... un urlo di sconforto silente che ancora porto dentro.

Potrei fermare il racconto della mia storia qui, poiché tutto ciò che posso narrarti non sarà altro che una continua e trucida limitazione al diritto di espressione di tutta una vita e non solo. Da qui in poi, tutto ciò che ti illustrerò sarà solo finalizzato ad aiutarti a vedere quanto sia immensamente bello e liberatorio poter diventare ed essere espressione autentica di sé stessi nella creazione dei propri capi d'abbigliamento.

Avvalorando tutto questo, quando trasferii l'attività in centro, il mio scopo fondamentale era proprio quello di potere realizzare, per ogni cliente, l'abito dei sogni. Da qui la scelta di utilizzare tessuti d'alta moda e creare capi esclusivi da cerimonia e splendidi abiti da sposa. Un ambiente di 140 mq suddiviso in un bellissimo androne antico e due enormi stanze interne, munito di salotto privato, pedana sopraelevata e tanti capi da collezione, davano il benvenuto a chi voleva farsi realizzare un abito seguendo le proprie esigenze unite alle mie idee e al mio concetto di stile.

L'intento di questi capi era di mostrare le tendenze della moda della stagione con la possibilità di personalizzarli; con grande soddisfazione raccoglievo le richieste e le esigenze delle clienti e le elaboravo realizzando abiti adatti a ognuna di loro.

Io le ascoltavo, leggevo nei loro pensieri, portavo fuori la loro anima, cercavo di esprimere tutto quello che avevano dentro e interpretavo ogni minima sfumatura di pensiero. Mi piaceva leggere dentro i loro occhi.

Ricordo, fra i tantissimi, il caso di una ragazza che doveva partecipare al matrimonio della sorella e la madre, disperata, non sapeva a chi rivolgersi.

Era una ragazzina un po' trasgressiva ma che per l'occasione voleva essere anche lei elegante.

"Quando ho guardato la prima volta la ragazza, l'ho ascoltata, ho lasciato che i suoi pensieri uscissero da lei"

e che mi parlasse svelandomi chi fosse, mi è stato facile identificare il suo stile, il colore che più la rappresentava, valutare la sua figura fisica (esattamente come insegno a fare nel corso di cucito online) e a fare nascere quindi quello che era il "completo pantalone e blusa" adatto a lei.

Confezionato e finito, la ragazza mi guardò commossa e mi disse: «Era esattamente quello che volevo!» Questa è la frase che più frequentemente mi sono sentita dire dalle clienti nella mia carriera. La madre mi guardò e, con occhi increduli, e mi disse che nessuno aveva capito sua figlia e che quello che avevo fatto per lei era veramente importante, perché avevo capito come "fare uscire" la ragazzina che c'era dentro e darle vita.

La frase voleva sottolineare quanto saper leggere e interpretare le "clienti" rappresenti una grande dote.

La mia naturale inclinazione alla sensibilità e il mio particolare vissuto andavano sempre più affinandosi grazie agli studi che continuavo a seguire, fino al coronamento con la tesi in Psicologia della moda (parte di queste informazioni le ho racchiuse dentro il corso precedentemente menzionato).

Madre e figlia avevano percepito forte e chiaro la mia assoluta volontà di aiutarle, al pari delle tante clienti che si rivolgevano a me certe che avrei suggerito loro sempre l'immagine migliore.

Viene da sé che, ogni stagione, organizzassi eventi al fine di mostrare le novità. Appena preso completamente possesso della situazione, fu inevitabile decidere di realizzare anche delle sfilate, all'epoca molto diffuse.

Il lavoro cresceva sempre di più e, per dare maggiore lustro, decisi di realizzare una sfilata molto importante sulla città. Dopo circa 10 anni dall'inizio della mia attività, come prima ho anticipato, questa decisione avrebbe determinato un altro grande problema con lui. L'impegno posto nello svolgimento del mio lavoro aveva creato una tale nomea che, se dovevo espormi, doveva essere a livelli molto alti. Avevo coinvolto l'assessore alla Pubblica istruzione (la dottoressa Fiumi) e tante importanti realtà rappresentative del paese.

Quella sera la sfilata, per impegno e dedizione, ebbe il massimo del successo. Io ero molto soddisfatta: avevo organizzato e presentato.

Orgogliosa e fiera dell'evoluzione, a fine serata, sotto il plauso della gente e la soddisfazione dei negozianti partecipanti e delle varie associazioni presenti, esausta dopo l'enorme impegno,

"Mi accingevo a raccogliere i frutti di tanta fatica"

Invece, al termine della serata, mi aspettava ben altro.

Come si usa fare a fine sfilata, stavo ancora reimpostando i capi sugli stand, con le mie collaboratrici, per poi caricarli e riportarli in sede, ma non riuscii a terminare il mio lavoro perché lui si presentò e, con il tono di voce che ben identificavo, insistette affinché lo seguissi. Erroneamente speranzosa che mi avesse convocata per portarmi al riparo e aiutarmi ad andare a riposare, poiché ero allo stremo delle forze, lo seguii nell'auto. In realtà non potevo sapere che la sua rabbia, maturata durante la sfilata, avesse poi optato per un altro modo di terminare la serata.

Appena seduta in auto, una raffica di domande insistenti e insinuanti mi travolsero: «Per quale ragione hai indossato le pellicce?» «Perché ti muovevi avanti e indietro?» Perché, perché... Ogni mia giustificazione non era sufficiente e, per quanto cercassi di motivare i miei gesti, le sue domande incalzanti non venivano appagate. Quello che io avevo deciso di fare o, meglio, di interpretare, non era previsto nel programma da lui visionato. Fu un delirio cercare di motivare cose inutili e senza senso solo perché 10 anni prima avevo promesso, sotto sua insistenza, che non avrei sfilato mai più (e lui quella sera mi accusò di averlo fatto).

Avevo deciso di indossare le pellicce poiché mi era stato chiesto dal negoziante, quando lui non avrebbe voluto. In pratica io non lo potevo e non lo dovevo fare. *Non pago* delle mie motivazioni, durante tutta la notte, fino al sorgere del sole, mentre continuava a guidare in giro per le varie città, mi punì costringendomi a stare sveglia e subire la sua rabbia al solo scopo di motivare le mie scelte mentre io, esausta, lo supplicavo di riportarmi a casa. Ora, ti chiedo, può esistere una spiegazione logica a tutto questo?

In realtà no, non permettere a nessuno di fare le tue scelte! Ogni persona, e quindi ogni donna, ha il diritto di poter scegliere e prendere le proprie decisioni in autonomia. Certo, il giudizio di chi ti sta vicino può essere importante, ma assolutamente *non deve* limitare la tua capacità decisionale. Chi ti ama deve sapere rispettare ciò che tu decidi, *sempre*.

Mentre scrivo, non posso credere che quella donna fossi proprio io. Io che quella volta feci un servizio fotografico per la mia collezione e, quando lui se ne accorse, come una furia, urlando, mi spinse con violenza sul divano facendomi stordire nell'urto, io che non sono mai andata a un addio al nubilato, benché invitata da tante mie clienti, nemmeno a quello di mia sorella, perché lui non voleva, asserendo che chissà cosa succede in quelle feste e così via...

l'elenco è interminabile.

Ma, nonostante i limiti e le intrusioni, io non mollavo. La mia passione per il lavoro mi dava l'energia necessaria a combattere e ad andare avanti a denti stretti. Convocata da grandi aziende del settore, e felice di poter apportare il mio supporto creativo come stilista esterna, queste esperienze mi hanno spalancato le porte a un mare di nuove conoscenze che io, curiosa, ho assorbito come una spugna.

Modelliste con le più svariate tecniche (ogni azienda con metodologie e misure personalizzate), campionariste alle prese con la gestione industriale dei vari passaggi della confezione, sistemi di finissaggio, ricamifici, lavorazioni specifiche (buble), tessuti tecnici gestiti con tagli particolari e sistemi di incollaggio, lavorazioni con l'utilizzo della piuma d'oca, lavorazione della maglieria, un'infinità di nozioni che mi hanno forgiato a 360 gradi su tutti i fronti della moda. Bellissimo! Stimoli continui ad aumentare lo spessore per le basi di una creatività senza fine.

Ma, anche in questi casi, ho dovuto scendere a tanti compromessi come, ad esempio, andare al Pitti con mia mamma e non da sola, con i responsabili dell'azienda.

Oppure ricordo quando, in fase di campionario, mentre ero con i rappresentanti, lui cominciò a chiamarmi al telefono con un'insistenza di cui solo lui era capace, solo perché si era fatto tardi (a suo giudizio) e non sapeva dove rintracciarmi.

Ovviamente non potevo abbandonare l'impegno che stavo svolgendo, ma puoi immaginare cosa mi aspettò poi al rientro a casa.

Se soffermo la mia mente su tutto quello che è stato il passato, mi rendo conto che sono tantissimi gli episodi sgradevoli che, ahimè, potrei menzionare.

Mi limiterò a raccontarti un altro episodio che riguarda ancora il lavoro e che non dimenticherò mai.

Devi sapere che, dopo circa dieci anni dall'inizio della mia attività, tutto si era molto ampliato nel mio mondo professionale. Dopo il trasferimento nella sede del palazzo antico di cui ti ho fatto cenno, diverse sono state le sfilate a cui ho partecipato come azienda e che ne hanno decretato il successo in tutto l'ambiente circostante del settore.

Non ultima la notorietà pervenuta da un servizio, pubblicato sul quotidiano *Il Resto del Carlino*, che enunciava e descriveva la mia partecipazione al Palazzo dei Congressi di Bologna, durante un importantissimo evento di moda, il cui titolo in grassetto rendeva noto, a caratteri cubitali, che a Imola era nata una nuova stella della moda!

Inutile sottolineare che raggiungere tutto questo, considerando "il freno continuo" contro cui dovevo lottare mi è costato un enorme spreco di energie e tanta inutile fatica. Sai anche tu che, in tutti i settori, per ottenere successo sono necessari impegno, costanza e determinazione, e ciò che stavo ottenendo era per me un doppio successo: da un lato la lotta per riuscire a trovare la modalità che mi permettesse di esprimermi (con tutti i limiti a cui dovevo sottostare), dall'altra era sempre più evidente che il talento dimostrato nelle mie creazioni era sempre più manifesto.

Ennesima soddisfazione mi perveniva anche dal ruolo di *esperta esterna* convocata dalle scuole del settore durante gli esami, dove la mia figura aveva particolare rilievo nel giudicare l'aspetto stilistico nello studio dell'immagine di ogni studente (seguendo i miei corsi è possibile imparare anche questo).

Bene, il tempo passava e, come natura vuole,

"Il desiderio di maternità cominciò a farsi strada"

Questa ipotesi rappresentava un'opportunità fantastica per lui che mi si figurava impegnata in casa. Per anni i tentativi di rimanere incinta erano stati vani finché prendemmo la decisione di farci seguire dal centro di fisiopatologia della riproduzione di Bologna.

Dopo un iter molto impegnativo, dentro di me, magicamente, batteva il cuore di un altro essere umano!
Il mio" principino", l'amatissimo primogenito Luca.

La mia totale dedizione a questo tenerissimo bimbo mi vide di fronte alla scelta fra la mia passione e il senso di dovere nei confronti di questo piccolo essere che non mi aveva chiesto di nascere, pertanto sentivo forte il bisogno di dovergli dedicare il mio tempo e tutto il mio amore. Cessai quindi la mia attività nello stupore delle tante clienti che, sapendo quando amassi ciò che facevo, erano incredule per la decisione presa.

Inutile dire che questa scelta fu molto spinta anche da mio marito, che vedeva in questa ipotesi la possibilità di controllare di più la mia figura. Il primo anno di vita con Luca, splendido bambino, fu per me è un anno molto piacevole; mi dedicavo moltissimo alla famiglia, alla cucina che adoro, alla casa, alle passeggiate, ed essendo un bambino buonissimo e molto dolce, mi dava la possibilità di gestire il mio tempo. Fu proprio in questo periodo che, lontana dalla mia passione, decisi di affrontare una nuova sfida per poter crescere e sanare alcune lacune che sentivo di avere a livello didattico: prendere la maturità nel mio settore.

Ma, anche questa volta, la realizzazione del mio desiderio la pagai cara. Durante i miei intensi studi, sono rimasta incinta di Mara, "il mio fiorellino", e ho affrontato l'esame insieme a lei che, al settimo mese, scalciava dentro di me. Dopo mesi e mesi di studio, ritagliati cercando di non togliere tempo ai doveri familiari e di non essere "discutibile", arrivata al momento di affrontare l'esame, ecco il problema: voleva impedirmelo.

Ma, dico io, esiste una benché minima giustificazione a questo? Secondo lui era un inutile capriccio che non mi serviva a niente. Come essere capita? Come spiegare il mio continuo bisogno di crescere? Come fargli capire che le mie curiosità dovevano essere appagate da altre nozioni? Demordere era impossibile!

Nei giorni in cui ho affrontato gli esami ero palesemente turbata, ciò nonostante ho affrontato questo impegno con un ottimo risultato finale e con tanto di riconoscimento da parte dello stuolo dei professori presenti. Ma, terminata l'ultima interrogazione, al rientro, un pianto liberatorio mi ha accompagnato per tutto il percorso dei 18 km affrontati da sola in auto. Le lacrime copiose sulle guance e nella mente per lo sconforto di chiedermi per quale ragione mi fosse dato di vivere in quel modo.

Ripensandoci ora mi dico che, nonostante la gravidanza, ce l'avevo fatta, nonostante lui non volesse, ce l'avevo fatta, nonostante tutte le difficoltà, ce l'avevo fatta, e questo solo perché ero fortemente convinta e non avrei permesso che tutto questo non accadesse.

Ancora una volta la mia passione è stata la mia forza.

Un altro episodio alquanto assurdo è successo qualche anno dopo. Non ti elenco questi avvenimenti allo scopo di piangermi addosso o di manifestarti chi era lui, ma solo e soltanto per evidenziare cosa mi ha sorretto in questi anni, ovvero quell'impulso fortissimo che mi dà la mia creatività, consapevole del fatto che mi puoi capire se lo senti anche tu.

Il ruolo di mamma che stavo vivendo, e che andava benissimo per un po' di tempo, finché i bambini erano piccoli, stava diventando sempre più stretto. Mi definivo la "donna di servizio di casa" perché svolgere tutti i giorni le mansioni quotidiane con la gestione dei bambini stava diventando veramente debilitante. Erano passati esattamente sei anni in cui avevo svolto a 360 gradi questa mansione. Certo, realizzavo gli abiti per Mara e la portavo in giro come una bambolina, curavo perfettamente Luca e rivestivo il mio ruolo al meglio poiché, anche in questo caso, vale sempre il concetto di dare il massimo.

Mia madre, pur lontana da me (lui non voleva che i bambini fossero tenuti in braccio dai miei genitori), mi diceva che stavo finanche troppo "addosso" ai bambini. Ovvio, li amavo ed ero diventata la loro ombra. A nulla valevano le feste con i bambini, le ricorrenze e le torte che facevamo e che mi piaceva fare, cucinare e giocare con i bambini nel pomeriggio per insegnare loro a fare i biscotti, aiutarli nella loro manualità. Era tutto bello, ma mi mancava sempre di più quel particolare, quel qualcosa che mi doveva dare la motivazione di esistere.

Giorno dopo giorno, con il passare del tempo, sentivo sempre di più il bisogno di tirare fuori quella parte di me che era stata soppressa, ma che iniziava a "ribollire" e che voleva uscire. Ancora non sapevo cosa fare, ma successe che un'amica, che aveva un negozio per bimbi, conoscendo le mie passate esperienze, iniziò a stimolarmi per realizzare una sfilata. Avrei potuto sentirmi utile e intanto guadagnare qualche soldo (anche perché lui commentava le mie spese). Diciamo che era la forma più veloce e più facile che conoscevo direttamente che, con poche risorse di tempo, mi avrebbe potuto ridare quel tanto di fiducia in me stessa e anche un po' di visibilità.

Parlo di fiducia in me stessa perché, più gli anni passavano, più i miei momenti di grandi soddisfazioni lavorative diventavano un ricordo e la Daniela "creativa", mai sopita, era solo in attesa.

Infatti, ciò che ribolliva dentro di me presto avrebbe creato un nuovo inizio. Ed ecco che, con questa occasione, potevo ritornare a sentirmi viva. Sapevo già che avrei dovuto lottare per ottenere tutto questo, anche perché, mentre prima era una mia battaglia e i bambini non c'erano, ora la gestione comprendeva anche loro.

La sfilata ebbe un epilogo inimmaginabile. A pochi giorni dalla presentazione, il suo ostruzionismo fu totale, con scene allucinanti: in presenza dei bambini, scaraventò il telefono a terra spaccandolo, tranguiò un medicinale di color rosso e, mentre il liquido rosso usciva dalle sue labbra, imprecava violentemente contro di me. Un incubo!

Cercai disperatamente di farmi sostituire nell'organizzazione ormai quasi ultimata della sfilata, ma nessuno era disposto a prendere il mio ruolo, poiché molto specifico (avevo la gestione delle tante aziende intervenute).

Lo supplicai di lasciarmi terminare l'impegno alle sue condizioni: presentare la sfilata con i jeans (senza indossare l'abito che avevo creato per l'occasione) ed evitare di essere esposta durante la presentazione. Un brivido mi attraversa la schiena al ricordo del suo viso bianco!

Milleduecento persone stanno affollando lo spazio attorno alla grande piscina, il palcoscenico della sfilata. Mia mamma si occupa dei bambini che, ovviamente, lui non ha voluto accudire solo per rabbia. Dietro le quinte, fra il fermento tipico dei preparativi, ho già preparato quasi tutto quando una mia collaboratrice mi informa che mi stanno cercando.

Esco dalla sala dei preparativi e, mentre mi avvio verso l'uscita, lo vedo. Fingendo sicurezza, mentre dentro sto tremando, mi avvicino.

Il suo volto, pallido come uno straccio (tipico di quando diventa furioso), mi impone con tono intimidatorio di lasciare il luogo insieme ai bambini. Impaurita, cerco mia mamma per riprendere i bambini, per poi lasciarla sola, in lacrime, afferrata la situazione. Trafelata, corro alla ricerca della mia collaboratrice e la informo che assolutamente non posso presenziare la serata.

Cos'altro aggiungere oltre alla disperazione e alla rabbia di avere dovuto abbandonare malamente quel luogo e quell'impegno?

Due ore di vita che nessuno mi ridarà mai più.

E non solo, poi ho dovuto anche subire l'umiliazione dei negozianti arrabbiati che mi volevano denunciare.

Continuavo a chiedermi: cosa ho fatto di male per meritare tutto questo? Mi sentivo mani e piedi legati.

"Idealmente non mi mancava nulla: avevo una famiglia, due meravigliosi bimbi, una bella casa"

ma dentro di me si stava sempre più creando il vuoto e non capivo che cosa mi portasse a questo mio malcontento a questa mia sempre più profonda insoddisfazione.

Dopo anni vissuti così, iniziavo le mie giornate già pensando al peso che tutti quei gesti rituali mi procuravano: pulire, spolverare, riordinare... alienante! Non vivevo per me da tanto, troppo tempo e questo mi toglieva la voglia di vivere.

Cosicché, sotto sollecitazione di amiche/clienti, cominciai a fare spazio nella mia mente all'ipotesi di riprendere in mano il mio impegno lavorativo, mentre i bimbi frequentavano la scuola materna e le elementari, per poter *evadere* con la mente da quella realtà che mi faceva mancare l'aria e che mi faceva sentire di essere dentro una prigione.

Presi la decisione di ricominciare una mattina che Luca esordì dicendo che il mio lavoro era pulire i bagni. Quella vocina innocente mi scosse dal torpore: il mio lavoro era ben altro! «Vuoi fare la sguattera alla gente?»
Erano queste le sue dispregiative parole.

Mio marito proprio non mi ha mai capito.

Capitolo 4:
La rinascita

La ferma decisione di riprendere a svolgere il mio impegno lavorativo fu categorica. Come ho fatto? Sai, c'è un detto popolare che dice che, quando hai toccato il fondo, non puoi fare altro che risalire. In effetti le cose sono proprio andate così. E ancora non sai che il peggio doveva ancora venire!

Credo che tu possa immaginare quanto, se le sue reazioni e i suoi interventi erano così limitanti e aggressivi nell'ambito del lavoro, a maggior ragione la gestione della quotidiana vita privata fosse ancora più esasperante. Rinvierò questa parte della mia storia ad altre occasioni, fermo restando che il narrato da ora vivrà di una nuova luce.

Voglio risparmiarti lo scempio che un essere umano è in grado di fare, mi rifiuto di portare la mia mente a rivivere quella mia parte di vita che non augurerei neanche al peggiore dei nemici. L'oscurità più profonda il *nero assoluto!* Ho vissuto il vero terrore che solo occhi iniettati di sangue e la pura cattiveria sono in grado di scatenare (realtà che non potrò mai più dimenticare nella mia vita). Ho percepito il mio corpo invaso completamente dalla paura di morire ma anche dal dolore lancinante del disprezzo, dai fremiti e dalle palpitazioni del panico per una realtà che non riuscivo a circoscrivere e a gestire. Un incubo.

Sono passata dentro a un tunnel, per mesi a stretto contatto con la polizia, con l'intervento dei servizi sociali, la presenza degli psicologi, il tutto all'interno di una "casa protetta", un alloggio che, seppure fatiscente, ha assicurato la sopravvivenza a me e ai bambini. L'unica salvezza.

Dichiarata la sua gelosia patologica e allontanato dalla nostra casa, ritornare alla normalità, anche con i bambini, è stato davvero difficile. Era indispensabile guardare in faccia la realtà e iniziare un percorso di consapevolezza, fondamentalmente per trovare quel punto fermo a cui aggrapparsi come a un'ancora di salvezza. E Dio sa quanto sono stata fortunata ad avere dentro di me quel prezioso tesoro che, mai come in quel momento, mi sarebbe stato d'aiuto. Provvisoriamente lontana da mio marito, l'esigenza di guadagnare era impellente, così come altrettanto impellente era l'esigenza di impegnare la mente in qualcosa di piacevole, positivo e propositivo.

Ormai lontana da anni dalle aziende conosciute in precedenza, colsi l'opportunità, quella più vicina a me, di soddisfare la richiesta di una associazione sportiva a cui Mara e Luca erano iscritti e creare abiti coordinati (in lycra, raso, paillettes ecc.) per le manifestazioni pubbliche. Un grosso impegno che andò esaurendosi mano a mano che le mie amiche/clienti vennero a sapere della mia ritrovata disponibilità. Sorrido pensando che Eugenia, una delle mie affezionatissime clienti, quando ne fu al corrente, mi contattò felice dicendo che da quel momento suo figlio si poteva sposare. Il sottinteso era che senza di me non avrebbe affrontato quel matrimonio nella maniera a lei più piacevole o consona.

In men che non si dica, nonostante il rientro del padre dei miei figli dopo mesi, il mio operato riprese alla grande, forse ancora con più entusiasmo di quando l'avevo lasciato. Dapprima al mattino, quando i bimbi erano a scuola, ospitavo le clienti in casa (in cucina) ma ben presto destinai una bella fetta della casa al mio piacevole impegno. Convivevo in questo già piacevole dualismo godendo dalle soddisfazioni ottenute con le mie mani per le clienti e, nel contempo, portavo avanti la casa (ora con più gioia e rinnovata energia).

Dopo essermi riproposta alle aziende della zona (anche se in misura minore rispetto a prima causa la famiglia) ricominciai quale supporto esterno. Un giorno, mentre faccio provare uno splendido coordinato di abito e cappotto verde petrolio con inserti grigi intervallati da sottili luci scure a Lory, la mia splendida, solare e prosperosa amica/cliente, lei, in piena luce, di fronte alla parete a specchio, sulla pedana sopraelevata, guardandosi con fare soddisfatto, lancia una sfida: «Daniela, mi sento talmente bene in questo completo che potrei andare di fronte a mille persone!»

«Davvero Lory?» le rispondo con la voce carica di gioia e gli occhi che sprizzano felicità (non ci si abitua mai agli apprezzamenti, fanno sempre immensamente piacere). «Allora realizziamo una sfilata a dimostrazione del lavoro personalizzato su di ogni cliente». Una proposta molto ardita: mettere in pedana donne di ogni età a esporre il capo realizzato su di loro. Ma ormai lo stimolo era partito e, da quel momento, posso davvero dire di avere iniziato dentro di me la rigenerazione completa.

Adrenalina, entusiasmo e voglia di combattere si riappropriarono di me, stavo ricaricandomi come una potente pila in grado di superare gli ostacoli sul mio percorso. No, non pensare che lui avesse mollato o fosse cambiato, nonostante l'intervento e il monito ricevuto dalla polizia e tutto il resto, ero io che stavo iniziando la mia fase di consapevolezza. Poche ore di sedute con la psicologa mi avevano riportato a vedere la realtà obiettiva della mia vita.

Ricordo che, alla fine della prima seduta, la dottoressa in questione mi fece notare che, per tutti i 55 minuti, nonostante la sua richiesta fosse quella di descrivere la mia vita, avevo fatto uscire dalla mia bocca solo il vissuto di mio marito (come se io avessi anteposto lui a me). Guardandomi dritta negli occhi mi chiese: «Ma la sua vita? I suoi bisogni dove sono?».

Quali bisogni? Mi ero completamente annientata in una vita solo e soltanto dedita alla casa e ai ragazzi, ovvero alla famiglia. Con poche sedute e una più consapevole riflessione, guardando la mia vita dall'esterno, ho potuto analizzare e capire quante cose erano da cambiare e quali bisogni dovevo soddisfare per essere in equilibrio e stare bene. «Ma che bisogno hai di fare questo?» «Che bisogno hai di fare quello?» Frasi che lui pronunciava sempre e che mi avevano annientato per anni, inibendo ogni mio desiderio.

È stata una meravigliosa scoperta per me sapere quali sono i reali bisogni che ogni persona deve soddisfare per poter stare davvero bene. Sono esattamente 6 e vengono definiti **bisogni primari**:

1   bisogno di sentirsi amati;

2   bisogno di varietà, di nuovi stimoli;

3   bisogno di certezza o sicurezza;

4   bisogno di *importanza* ovvero di sentirsi *unici, speciali* o *necessari* (per me molto importante);

5 bisogno di crescere (connesso all'idea stessa di felicità verso la migliore versione di sé);

6 bisogno di contribuire al benessere altrui, di *dare agli altri* e fornire il proprio "sostegno" a chi ne ha bisogno.

Sono in particolare gli ultimi 3 quelli che ritengo più vicini al mio caso. Il bisogno di sentirsi *unici* ci fa sentire insostituibili e quindi preziosi.

«Come te non c'è nessuno»: chi non ama sentirselo dire dal proprio partner o dalle persone vicine? Ecco perché poter esprimere la nostra unicità negli abiti ci rende *insostituibili, preziose* e *appagate!*

Il bisogno di *crescere*: la crescita personale, nel momento in cui si acquisiscono nuove competenze, ci dà la possibilità di sperimentare e sentire cose straordinarie,

"Di vivere una vita significativa, appagante e gioiosa",

imparando ciò che si ama.

Per me significa imparare sempre nuove curiosità nella mia passione per la moda. Anche per te?

Il bisogno di *sentirsi utili*: senza questo appagamento, il sentimento che spaventa è il sentirsi inutili, o sensazione di vuoto, mentre rendendosi utili si ricambia l'affetto verso le altre persone. Adoro quando aiuto chi desidera imparare grazie alle mie informazioni e al mio bagaglio personale.

Ora so che a vivere senza soddisfare questi bisogni si vive male; l'ansia e l'inquietudine ci assale, mentre l'appagamento crea un benessere diffuso. In questa modalità, anche le persone che ci stanno attorno potranno godere inevitabilmente del nostro stato positivo e sereno, migliorando il rapporto sia in famiglia sia nella realtà che ci circonda, con amici e parenti.

Ecco perché ogni persona ha il diritto/piacere di appagare queste esigenze, e così ho fatto anche io. E, in men che non si dica, tutto attorno a me ha cominciato a cambiare. Grazie a questa consapevolezza, ho intrapreso un percorso verso la ricerca delle mie soddisfazioni, organizzando eventi prestigiosi e collezioni per aziende, utilizzando estro e fantasia, esprimendo sempre di più me stessa.

Mi ritagliavo il tempo di cui potevo disporre, ferma restando la primaria esigenza della famiglia. Come ho anticipato, è stata la cronologia degli eventi a creare questo percorso, perché lui, allontanato da casa per diversi mesi, è rientrato, dietro mio consenso, solo e soltanto perché la separazione definitiva avrebbe coinvolto i bimbi, all'epoca ancora piccoli. Dopo avere riflettuto in maniera profonda e altruista, in coscienza, ero convinta di una cosa sola: non avrei **mai** voluto che i miei bambini finissero tra le braccia di un'altra donna.

Ho quindi accettato di sostenere una situazione alquanto difficile solo per loro, lo dice il fatto che, al suo rientro in casa, io ero ancora terrorizzata, infatti tenevo le porte aperte (nell'eventualità di dover uscire) ed ero sempre molto guardinga nei suoi riguardi.

Ma il suo allontanamento temporaneo e la ripresa del mio impegno mi hanno concesso una nuova visione. Ho smesso di cambiare abito alle sue richieste (anche se lui ci provava ogni volta) e, nonostante lo temessi ancora molto,

"gli dimostravo una nuova sicurezza e determinazione."

Tutto questo aveva cambiato l'ordine delle cose e lui se ne stava accorgendo.

Mentre nella vita privata il miglioramento era lento ma graduale (per ciò che si poteva, con piccole conquiste), il mio impegno lavorativo stava invece "decollando". Seguirono giorni bellissimi, in cui sentivo dentro di me un appagamento totale quando, al mattino, sola in casa, mentre tagliavo i capi per le clienti, la gioia mi inondava tutto il corpo; in quel momento non sarei voluta essere da nessun'altra parte al mondo. Ritornare a comprare i tessuti, entusiasmarsi ed eccitarsi trovando splendidi materiali erano tutte cose che facevano scattare la mia fervida fantasia e poi godere dell'immensa soddisfazione che seguiva la realizzazione.

Condividevo tutto questo con le clienti, che diventavano sempre più numerose. I loro occhi luminosi e pieni di gioia gratificati dal mio impegno, la dedizione, la considerazione che dedicavo loro nonchè l'esito perfetto di ogni capo che le rappresentava, rispondevano perfettamente al mio bisogno di sentirmi *utile*. E questo mi rendeva davvero *felice*.

Le clienti dimostravano tutto il loro affetto e la loro disponibilità alla mia richiesta di indossare i capi in sfilata. E questa dedizione mi commuoveva profondamente:

- Cosa ho fatto per meritarmi tutta questa generosità - mi chiedevo!

Ovvio che programmare i capi da collezione per gli eventi, oltre ai capi delle clienti, nonché tutta l'organizzazione, rappresentava un grande impegno. Ma ciò che mi restituiva la fatica, era un ineguagliabile appagamento.

Inutile dire che lui era comunque e sempre a "remare contro".

Ogni occasione era buona: faceva ostruzionismo durante le sfilate rifiutandosi di occuparsi dei ragazzi, quando con le clienti oltrepassavo l'orario da lui definito per la cena, imprecava e sbuffava, quando la copiosità delle clienti aumentava, brontolava di continuo nonostante io le accogliessi in un luogo dedito solo a quello, senza ledere la quiete familiare.

Insomma, faceva sempre il bastian contrario! Ho lottato con tutte le mie forze per portare avanti i miei sogni e mantenere l'equilibrio in famiglia: cucinavo il sabato per ore (adoro cucinare e mi riesce facile), invitavo amici e preparavo laute cene e, spessissimo, anche gli amici dei ragazzi erano nostri ospiti graditi apprezzando la mia disponibilità in cucina. Io di buon grado, mi prodigavo.

L'apparente rinnovata "versione" di mio marito non faceva mancare occasione per mostrarsi in tutta la sua vera essenza: in pratica il lupo perde il pelo ma non il vizio.

Infatti, in occasione della seconda grande sfilata, organizzata nello splendido palazzo antico di *"Monte del Re"*, sulle colline imolesi, erano presenti diverse personalità di rilievo e, due giorni dopo la sfilata, sono stata contattata via email dal responsabile di zona per lo IOR, Istituto Oncologico Romagnolo, tale dottor Cavina.

All'interno della mail, dopo aver utilizzato parole di apprezzamento nei confronti della sfilata definendola di classe e stile, mi propose di sostenere la loro causa alle mie future presentazioni quale testimonial. Ero orgogliosa e fiera di rappresentare questa utile iniziativa anche e perchè mia sorella aveva da poco subìto una mastectomia, per cui ero sensibile all'argomento e, per potermi rendere utile, accettai molto volentieri.

Non sapevo, però, che avrei dovuto superare un grosso scoglio. Ancora lui!

Nella sua mente malata, ovviamente, il dottore era interessato a me, idea assurda contro cui ho dovuto lottare per poter dare vita, l'anno successivo e quelli a venire, a splendide manifestazioni (sfilate) di cui, tutti e dico *tutti* gli incassi sarebbero stati destinati allo IOR (finalizzati alla ricerca o all'erogazione di servizi ai malati di tumore).

Il tempo e le circostanze da me create nel lavoro, facevano salire il mio umore e il mio benessere mentre, parallelamente, lui rimaneva nella sua statica condizione sempre avversa alla mia realtà e ciò che non scompariva mai, così come la sua continua e insistente gelosia per un nonnulla.

Intendo circoscrivere le informazioni sui suoi gesti solo all'ambito del lavoro, senza entrare troppo nel merito della vita privata. Le continue e martellanti domande del tipo: "Perché quel papà ti saluta?", "Vuoi andare alla festa di quel bambino perché sei interessata al papà?", "Sei andata a prendere i ragazzi a scuola prima per vedere questo o quello?" erano un continuo, direi proprio... esasperante!

Non voglio che il mio diventi un pianto lagnoso nei confronti di episodi tristi o tragici, lo scopo non è quello di rattristarti o darti delle informazioni che ti possano fare stare male, l'unico scopo del mio racconto è quello di farti capire come,

"Anche nelle continue difficoltà, se abbiamo dentro una passione, possiamo superare e affrontare una situazione che sarebbe veramente impossibile affrontare altrimenti".

Spesso e volentieri noi donne, tu come me, siamo portare a giustificare l'atteggiamento maschile (l'ho accennato fin dal primo capitolo) quale falsa credenza del suo "potere" innato e ci convinciamo che, se anche abbiamo delle doti, noi però possiamo evitare di esprimerle o ci diamo delle assurde ed ingiustificate motivazioni per anteporre il loro volere alla nostra realtà.

Lo dico con diritto di causa poichè tantissime, troppe donne in

Italia, si danno ancora delle scuse fingendo che il proprio vissuto sia giusto quando

"basterebbe che solo si apprezzassero un pochino di più"

e sostituissero quell'atteggiamento servile nei confronti del proprio partner con un po' di sano amor proprio.

Incredibile come da nord a sud uomini si permettano di dettare legge nel nucleo famigliare, ed ancora più incredibile che donne intelligenti, sensibili e ricche di una grande umanità si rimettano a tutto questo solo perchè convinte di essere amate!

Riconosco in quel pensiero tanta parte della mia vita, poichè il vero grande buco nero sta proprio qui!
Lui mi ama, lui ci tiene a me ed io ricambio con la mia disponibilità sottoponendomi alle sue volontà!
Terribile!
Per anni il suo "amore" è stato merce di scambio!
Pur di sentirmi amata, mi dimostravo disponibile, mi annientavo...

In realtà non avevo ancora capito che qualunque suo gesto che avesse lo scopo di limitare la mia libertà di azione era solo Violenza! ...E quello che io pensavo essere amore, altro non era che possesso.

Se davvero il tuo compagno ti ama, ti lascia libera di esprimerti, gioisce per i tuoi successi di donna e ti ammira per tutto quello che tu sei in grado di apportare alla tua vita ed a quella della famiglia! E se anche tu stai subendo delle ingiustizie o chiamiamole con il suo vero nome "violenze", devi trovare la forza di reagire!

Guardati dentro, sicuramente nascosta sotto una grossa coltre di polvere, abbandonata al suo destino, c'è quella parte di te che può aiutarti a tirarti fuori da quel vortice pazzesco che è la violenza. Manifestata sia come limite psicologico sia come limite fisico è da combattere e puoi riuscirci utilizzando l'energia attinta dai tuoi talenti.

Sei una creativa? Ti piace realizzare con le tue mani? Ti dà soddisfazione ciò che crei? Ami imparare?
Mi piace pensare che la tua risposta affermativa a queste domande

sia la tua nuova scelta di vita. *Ora, adesso*, fai il primo passo verso il tuo diritto alla libertà!

Come puoi leggere dal mio vissuto, è stato sicuramente molto faticoso e difficilissimo risalire da quell'inferno e ti posso garantire che ho temuto tante volte di soccombere,

"stanca di lottare per il semplice diritto di vivere,"

ma ti invito con tutto il cuore a credere in te e nelle tue potenzialità, che magari sono più reali di quanto tu possa immaginare. Quello che ti può sembrare un semplice stimolo (ad esempio cucire) può trasformarsi, con le giuste informazioni e competenze, in ciò che ti sarà utile. Come è successo alla mia storia.

Gli anni passavano, i ragazzi crescevano e io ero sempre più incline a chiudermi nel mio mondo. Questo mio modo di fare azione massiccia in direzione dei miei sogni mi stava davvero aiutando a "salvarmi" da una condizione di continua frustrazione. Non era facile sentirsi continuamente umiliata da un uomo che non considerava importante il mio impegno lavorativo, sminuita o denigrata nel ruolo di mamma se solo mancavo poiché impegnata, oppure messa in discussione come donna se la mia immagine era "particolare" rispetto alla mediocrità (a causa della sua gelosia) o, commentata e discussa in tutte le mie scelte: in poche parole, non mi sentivo per nulla capita.

Ti è mai successo di sentirti incompresa?
Bruttissima sensazione, vero?

Avevo un'unica soluzione, ossia trovare sostentamento in ciò che mi dava gioia e sollievo: il lavoro. Esattamente come facevo da piccola con le bambole, e come dico sempre, lo facevo con le clienti, ovvero... giocavo alle *signore*. Ho accumulato tante esperienze in questa fase poiché il lavoro, molto aumentato, mi ha concesso di implementare ulteriormente le conoscenze con tante sarte che hanno collaborato con me trasmettendomi il loro sapere.

In più, ad aumentare le mie esperienze le tante fiere visitate (in particolare a Milano, a Bologna e a Firenze), vissute in compagnia delle mie collaboratrici, mi hanno ulteriormente aperto la mente.

Ho partecipato a continue manifestazioni ed eventi (es: la fiera degli sposi). Anche l'esperienza come membro della giuria a "Miss Italia" è stata formativa e di grande prestigio. Informazione, curiosità e stimoli continuavano a farmi crescere fino a quando ho deciso, dietro continua sollecitazione della famiglia, infastidita dall'andirivieni delle tante clienti, di trasferire l'attività nuovamente in un bellissimo palazzo in centro a Imola. Un volto molto professionale a coronare la passione di sempre.

Questo passaggio da una situazione a un'altra segnerà, parallelamente, anche un cambio radicale della mia storia. Dopo l'allontanamento dalla casa avvenuto circa 13 anni prima, come ti dicevo, lui non ha mai fatto nulla per recuperare la sua serenità mentale. Nel suo cervello, ritualmente, comparivano figure che lo disturbavano, a turno e in ordine sparso si incattiviva contro questo o quello: oggi mia mamma, domani l'amico di Luca o gli amici del mare.

E io a cercare di mediare la situazione, stando tra l'incudine e il martello. Com'è ovvio dedurre, questo mi metteva un'ansia continua. Ma ciò che era diventato insopportabile nel quotidiano era la sua mania di registrare, a mia insaputa, la mia vita in ogni momento. Ho trovato miniregistratori ovunque: sopra i pensili della cucina, nascosti dietro i pacchi dell'acqua, sotto il tappetino dell'auto rigorosamente tagliato per ottenere una fenditura apposita, dentro il vaso in cucina, in ogni dove. Senza contare che, nel tempo, i ragazzi mi rivelarono che anche loro ne avevano scoperti altri.

Inutile dire che, così braccata, anche il benché minimo colloquio o saluto con chicchessia risultava "giudicabile". Ricordo un giorno, davanti alla scuola, in cui aprendo la portiera dell'auto avevo salutato il papà di un compagno di Mara. La sera a cena, dopo avere ascoltato la mini conversazione a mia insaputa, ci fu un enorme scenata in presenza dei ragazzi.

Non pago, registrava anche le conversazioni con le clienti, cosa di cui mi rendevo conto perché ripeteva ciò che era stato detto.
Si può pensare a una vita in cui, ogni volta che si parla, si sente la "presenza" di qualcuno estraneo alla conversazione che ti ruba i pensieri e la tua intimità? È possibile?

Ma non è finita lì…

Ha poi iniziato a inviarmi messaggi anonimi ed è stato in quel frangente che, impaurita, dopo 13 anni, sono ritornata dalla polizia. L'accumulo di tanti problemi che, uno sull'altro non riuscivo più a districare, mi hanno portato a ventilare l'ipotesi della separazione, ma esponendo la richiesta non solo lui rifiutava bensì ancora peggio, al solo menzionarla, mi minacciava brutalmente.

La vita di coppia era diventata ingestibile, tanto che nel tempo mi allontanavo sempre più e, mentre io mi allontanavo, lui mi stava sempre più addosso riportando le sue gelosie a livelli pazzeschi. I suoi gesti inconsulti mi avrebbero portato a chiedere di nuovo aiuto alla polizia e a cominciare a presentare delle denunce. In questi anni, disperata, sono stata seguita dal centro anti-violenza della mia città che mi avrebbe aiutato a ottenere ciò che non avrei pensato di riuscire a raggiungere: la separazione.
Certo, anche questo non è stato un passaggio facile.
La mia definitiva decisione ha portato una sua immediata reazione.
Chiamato a sè mio cognato, gli ha esposto la sua palese minaccia

di spararmi (manifestata tenendo una pistola in mano) o di sfregiarmi con l'acido.

Informata la polizia, ha fatto seguito una perquisizione alla sua abitazione e l'ennesima mia denuncia.

Un altro episodio che, aggiunto ai precedenti, ha avuto il potere di portare nelle mie giornate un indicibile senso di vuoto, una sensazione che non so descrivere a parole,

"Come se la mia vita non valesse nulla!"

Svegliarsi la mattina e avere in testa una sola domanda: "Chissà se rientrerò questa sera?".

Come se qualcuno si potesse prendere il diritto sulla tua vita. È stato devastante. Ancora mi viene da piangere, al ricordo.

Ho vissuto dentro un inferno per parecchio tempo da quando ho chiesto la separazione e, in questo tempo, la polizia mi ha affiancato richiamandolo più volte e monitorando i suoi atteggiamenti per ciò che le competeva.

Sarebbe stato dopo l'ennesima denuncia che, uscendo dalla stanza di Martelli dietro sua sollecitazione, avrei ripensato alla mia vita sotto forma di libro.

Capitolo 5:

La vita dopo

Tecniche e strumenti

In questo libro ti ho riassunto i vari passi della mia vita, i valori che mi hanno condotta fin qui e i tanti episodi che mi hanno fatto procedere in un cammino caratterizzato da un'alternanza di alti e bassi come se, improvvisamente catapultata sulle montagne russe, perdessi il controllo delle mie azioni, costantemente direzionata e scaraventata verso un futuro imprevedibile senza possibilità di gestione.

Questo il mio modo di dimostrare in parole comprensibili e vere:

1 Come la mia storia possa essere da esempio.

2 Come la consapevolezza debba "risvegliare" ogni donna scuotendola dal proprio torpore (sono ancora tantissime le vittime di violenze più o meno gravi) e mostrandole che il vero problema difficilmente è legato al tipo o alla gravità della

violenza, ma alla tragica realtà che è la limitazione della libertà personale.

3 Che gli strumenti, come il cucito e il talento, possano divenire il mezzo di espressione liberatorio per tutte le donne, offrendo la possibilità di esternare ciò che da troppo tempo è sopito.

4 Come posso intervenire personalmente per...

aiutare ogni donna offrendo la mia esperienza, la mia disponibilità e, perché no, quella "carezza psicologica" capace di spingere ogni donna a volersi bene e ad apprezzarsi esattamente per ciò che si è.

E ora voglio mostrarti com'è diventato risolutivo quest'ultimo passaggio nel mio percorso personale. L'agognato traguardo della separazione ha portato con sé anche momenti di sconforto. Inutile dire che si tratta sempre di un fallimento, e lo scotto che ne segue è ineluttabile.

Il cambiamento di abitudini, un nuovo modo di gestire la casa e, purtroppo, problemi a non finire legati ad un difficile rapporto con l'ex.

"Ero esausta a causa di questa situazione che mi stava logorando dentro,"

specie per tutto ciò che ancora comportava fra avvocati e giudici (essendo lui uscito dalla casa soltanto dopo che io avevo fatto richiesta di allontanamento dalla mia persona e dalla residenza di 150 metri). Devo ammettere che ci sono stati momenti in cui ho letteralmente strisciato per terra, ma la forza della vita, ancora una volta, mi ha sostenuto.

Incanalate le mie energie nel "mio mondo", come ti ho anticipato, un passo dopo l'altro, a denti stretti, mi sono rialzata e ho ricominciato la mia corsa.

"Ci tengo a dire che in tutta questa storia ho incontrato sulla mia strada tante, anzi tantissime persone meravigliose."

Clienti/amiche alle quali ho confidato le mie difficoltà, che mi hanno permesso di dare sfogo al malessere che avevo in corpo (spesso anche la semplice condivisione mi dava sollievo), che mi hanno dato una spalla su cui piangere.

Pur senza sentirmi giudicata, sapevo che il loro unico modo di aiutarmi era quello di farmi vedere la realtà con i loro occhi (obiettività che io rifiutavo). A tutte queste persone va *il mio grazie più sincero* (se penso che alcune sono anche andate a testimoniare per me...). Ho sempre cercato di dare tutto quello che potevo nel mio lavoro e per certo ho ricevuto in affetto molto di più di quello che avrei mai potuto sperare.

In questa fase della mia vita, ho lavorato moltissimo nella nuova location in centro città, e ho dedicato il poco tempo restante alla ricerca di me stessa. Finalmente libera da ogni vincolo, i miei ragazzi ormai studenti maggiorenni, ho dato libero sfogo al mio bisogno di crescere (ancora una menzione di uno dei bisogni enunciati nel capitolo precedente). Corsi di formazione, di crescita personale, di marketing... Instancabilmente, la mia sete di conoscenza non finiva mai e tutt'ora non è finita.

Avevo bisogno di "ritrovarmi", di "riesumare" quella bambina curiosa e piena di vita che ancora viveva in me e farla riemergere in tutto il suo splendore,

"Certa che ora sarebbe potuta uscire alla luce senza più temere."

In questa mia ricerca personale non mi sono risparmiata in nulla, fino a voler dimostrare a me stessa che la volontà poteva farmi superare ogni limite.

E così ho fatto. Ho provato l'esperienza di vivere una realtà estrema. Lo sguardo fisso davanti a me, in direzione del mio futuro ideale, nella mente la certezza del risultato e il corpo pronto al "particolare percorso", a piedi nudi. Sette metri di braci sotto di me, senza scalfirmi in nulla. A braccia alzate ed esultante, alla fine di quel passaggio avevo capito che, se ero riuscita in quell'impresa, in senso metaforico, nulla più mi avrebbe potuto limitare. Con quella voglia e con la forza di tenere sempre duro e soprattutto credendo nei talenti che mi sono stati dati, ora sono qui con te.

Ed è successo che l'acquisto di uno di questi tanti corsi che ho seguito online, mi ha illuminato. Quando apri la tua mente alla vita, tutto ti appare nella giusta luce. Infatti, l'approccio a questo nuovo strumento operativo (corso online) mi ha concesso il beneficio di rendermi conto di quanto la libertà di potervi accedere ogni qualvolta ne ho disponibilità o lo desidero sia veramente una grande scoperta.

Le tematiche, allineate e ben esposte tutte in ordine, assicurano le informazioni intatte nel tempo, evitando di perderle come succederebbe con l'utilizzo di appunti sporadici o affidandosi alla memoria. Ho capito che questo sistema è perfetto per la società odierna.

Succedeva che da tempo, diverse persone mi chiedevano di insegnare loro a cucire i propri capi e io lo avrei fatto molto volentieri, ma era una richiesta che non avevo mai esaudito a causa del pochissimo tempo di cui disponevo.

Poi, un giorno, ricordo perfettamente che l'idea mi è apparsa chiara e definita, ho visto davanti a me la visione: *creatività* (talento), *donne che vogliono imparare* (piacere di aiutarle), *fare emergere la propria personalità* (bisogno di unicità) e *tante mie competenze*. C'era tutto! E, con il sorriso sulle labbra e la gioia negli occhi, ho definito la mia *missione: voglio poter dare a tutte le donne che lo desiderano gli strumenti per potersi esprimere.*

Proprio perché so, e tutta la mia vita ne è testimone, che poterlo fare offre una soddisfazione tale da poter dire che *crea felicità.*

La felicità, quello stato d'animo positivo di chi ritiene soddisfatti i propri desideri, è quell'insieme di emozioni e sensazioni del corpo e dell'intelletto che procura benessere e gioia in un momento più o meno lungo della nostra vita. Quando sei felice, subentrano anche la soddisfazione e l'appagamento.

Il cerchio si chiude poiché è proprio dall'appagamento dei bisogni che la gioia da cui deriva *crea felicità.* Ovvero, ogni donna può, a partire dalla propria *bellezza interiore,* farla sfociare nella creazione della *bellezza esteriore* sotto forma di un *abito.*

Mi piace pensare di poter essere utile a tante donne che possono vedere in me la possibilità di riscatto sia dalle ingiustizie che dai soprusi, ma anche…

"che hanno il semplice bisogno di identificarsi, di darsi quel valore che meritano, di concedersi l'opportunità di sentirsi vive esprimendo al mondo intero chi sono e quanto valgono".

Voglio essere in tutte loro per dare loro il mio appoggio, il mio sostentamento e la voglia di rivalsa.

Ho conosciuto, amato, stimato e valorizzato tante donne nella mia carriera perché so che ognuna di loro è un mondo prezioso che deve poter emergere e uscire per mostrarsi nella sua bellezza, e intendo poter dare anche a te, se lo desideri, il mio contributo affinché, con le tue mani, tu possa esprimere chi sei e soprattutto esternare il prezioso mondo che custodisci dentro.

Vedere concretizzato in un capo una parte di quello che sei procura una gioia e una soddisfazione infinite di cui potrai godere solo vivendole.

Ecco perché, quando la mia idea si è concretizzata, il passo successivo è stato una conseguenza. Ho studiato e mi sono applicata nello studio dell'informatica (difficile come scalare l'Everest, per me) e a questi tecnicismi ho unito la mia fervida fantasia e le tante competenze professionali raccolte nei 30 anni e oltre di lavoro.

La stesura del corso è iniziata definendo tutto prima a tavolino, studiando uno a uno i passaggi allo scopo di fare vivere un'esperienza facile e comprensibile a ogni donna e in modo che contengano tutto ciò che è più utile conoscere.

Conseguentemente ho registrato tutti i video in 5 mesi; un percorso completo, appagante sia per l'anima sia per il corpo. Sì, un progetto *unico* nel suo genere (in Italia), realizzato in una scansione di 8 moduli, con una sequenza di argomenti a partire dallo studio della propria immagine fino alla realizzazione dei capi perfettamente eseguiti. Il tutto racchiuso all'interno di un accattivante corso online ben strutturato e di facile accesso, disponibile a qualsiasi ora del giorno e della notte, per sempre negli anni.

Questi i passi che portano al risultato finale attraverso le 8 settimane.

Studio della propria immagine (modulo 1)

"Un meraviglioso viaggio introspettivo che ha lo scopo di mostrarti come identificare il tuo stile e come valorizzare le tue parti migliori."

La scelta dei colori che più ti valorizzano, finanche le ragioni che ti spingono a scegliere un colore anziché un altro. Fondamentalmente vuole essere un messaggio di accettazione benevola nei confronti di ognuno di noi.

La prima volta che, a questo riguardo, una signora mi ha risposto ringraziandomi di averla portata ad accettarsi con amore e rispetto mi sono profondamente commossa e ho capito che sono nel giusto. Posso, nel mio piccolo, aiutare qualcuno anche solo ad amarsi un po' di più.

Il mondo dei tessuti (modulo 2)
Questo incantevole viaggio nel mondo dei tessuti si articola nello

studio tecnico di tutti i tessuti di origine animale, vegetale e sintetica, di tutte le loro caratteristiche fisiche, tecniche e di utilizzo necessarie per ottimizzarne la scelta adeguata, ma, ancora più interessante, anche nell'esperienza vissuta con me all'interno dei negozi di tessuti, dove, con i tessuti alla mano, ti mostrerò come identificare la percezione emotiva di ognuno ed imparare ad abbinare il tessuto desiderato al modello da realizzare e viceversa. Quest'ultima importante informazione ti sarà utilissima per capire quale determinato materiale risponde all'immagine che vuoi dare di te. Il tessuto rappresenta la nostra seconda pelle ed è giusto capire in che modo utilizzarlo.

La modellistica su misura (moduli 3 e 4)
Il sistema, facile e particolarmente comprensibile, è tratto dalle mie esperienze. Come creativa ho adottato un sistema per chi percepisce con facilità visivamente (memore delle mie primarie esperienze di quando avevo 12 anni).

È fondamentale farti *capire* il senso del modello, ovvero quale ragione ne determina la costruzione (perché si deve fare o non fare una ripresa, come plasmare il corpo su carta e molto altro).

Una volta compreso il principio, si passa a creare il modello seguendo un percorso a step, con schede tecniche che facilitano al massimo i passaggi per ottenere un risultato determinante.

Le parole che servono per approcciarsi alla confezione (modulo 5)

Un'inedita carrellata di descrizioni e video su come realizzare tutti i tipi di orli, i tipi di cuciture e tutto ciò che c'è da sapere sugli strumenti da lavoro (macchina da cucire, tagliacuci ecc...). Inoltre, informazioni su come trattare i tessuti prima della confezione, verificarne il verso e così via.

La confezione di gonna e pantalone (modulo 6)

Con tutti i passaggi descritti in maniera molto dettagliata, a partire dal piazzamento del modello sul tessuto, il taglio, come stirare a ogni passaggio, come cucire con tecniche di ultima generazione. Ogni passo alla scoperta del successivo fino a ottenere un capo perfetto.

La confezione di camicia e abito (modulo 7)

Dal cartamodello del corpino all'evoluzione. Molto soddisfacente la realizzazione della tanto "temuta" camicia che, se seguirai con gioia tutti i passaggi, fino anche a capire come attaccare professionalmente un bottone, ti stupirai dell'esito ottenuto. L'abito realizzato è un condensato di tecnica e fantasia, ed è tutto tuo!

Settimana della sorpresa (modulo 8)

In questo percorso, una parte ludica doveva esserci. Mi sono infatti divertita a realizzare l'ultimo modulo affinché rappresenti una sorpresa "inaspettata", per conglobare anche quella parte di noi che ama *giocare*. Il tutto a stimolare la tua curiosità. Sta a te scoprire cosa ci troverai. Io ho pensato ad aggiungere la ciliegina sulla torta. Inoltre, per accertarmi che questo percorso sia ben appreso, il tutto sarà affiancato dalla mia presenza (e ora anche quella della mia équipe) a verifica della comprensione e per rispondere alle eventuali curiosità (al termine di ogni modulo).

L'autorevolezza dell'*Attestato finale* (riconosciuto dalla

associazione di categoria) da me assegnato dopo avere valutato lo sviluppo dei modelli, rigorosamente su misura, delle corsiste e il relativo sviluppo dei capi base realizzati (è gradito e previsto l'apporto della propria fantasia) decreta la splendida riuscita del corso.

Come ti ho enunciato e promesso all'inizio del paragrafo 1, ecco come, in sole 8 settimane (se il tuo tempo lo consente), avrai realizzato i tuoi primi 4 capi base con il massimo dell'appagamento e della soddisfazione. Ma non è finita qui. Raggiunto questo traguardo personale, nonché professionale, e capito quanta gioia possa nascere dal proprio operato, il percorso può proseguire in maniera entusiastica per chi vuole approfondire e conoscere tanti passaggi inediti della sartoria e della confezione.

Un vero e proprio viaggio alla scoperta di nuove tecniche ed evoluzioni originali per stimolarti a capire come nasce un'idea, a studiare l'abbinamento dei tessuti, a valutare le proporzioni sul corpo, a padroneggiare l'assemblaggio dei materiali. In pratica, imparare a visionare un insieme a 360 gradi con gli occhi di una stilista grazie al *lavoro stilistico*.

Due volte all'anno, primavera-estate e autunno-inverno, in quanto stilista, realizzo 4 capi d'abbigliamento molto fashion solo per chi ha seguito il corso base, al fine di mostrare come i modelli (gonna, pantalone, corpino e abito) realizzati in precedenza si possono evolvere e trasformare in tantissimi modi seguendo le tendenze della stagione attuale.

Oltre alla modellistica, troverai anche lo studio tecnico di tutti i passaggi sartoriali, inediti e unici provenienti solo ed esclusivamente dalla mia fantasia e creatività. Passaggi impossibili da trovare presso altre fonti.

Per chi ha voglia di imparare, seguiranno poi altri corsi molto formativi ed esclusivi, come "Tutti i segreti della camiceria" (tanto amata dalle donne ma difficile da trovare adeguata alla persona):

"Un corso ben strutturato contenente al suo interno preziose e inedite informazioni"

da me raccolte nel tempo (dall'esperienza di amiche/sarte sviluppata all'interno di un'azienda prestigiosa di camiceria di lusso) e dove troverai spiegato e illustrato come realizzare, in tutti i minimi particolari, innumerevoli tipologie di camicie (i vari modelli, tutti i tipi di polsini e così via) e tanto tanto altro.

Quindi, riassumendo, perché decidere di rivolgere il tuo interesse a questa nuova realtà online?

Direi per ben 3 ragioni:

1 La prima riguarda la difficoltà di imparare queste competenze da soli; da autodidatti, ogni metodo e ogni sistema possono essere fonti di informazione, ma di dubbia veridicità. Le tante e sporadiche nozioni non sono fonte certa e sicura, ovvero slegate da un processo mentale che non produce una sequenza logica assicurando il giusto percorso che va dall'idea alla realizzazione dei capi perfettamente eseguiti.

2 Poiché il "tempo" oggi rappresenta il bene più prezioso della nostra società, ottenere un risultato ottimale in tempi brevi del nostro lavoro sartoriale, senza una guida sicura, sarebbe impossibile.

3   Per imparare bene è importante seguire chi ti mostra di avere un metodo e, con il suo esempio professionale, di essere una guida a cui fare riferimento sempre.

"Scegli l'insegnante che ti trasmetta la sua maestria e, nel caso specifico, con stile"

Qualcuno che, con il suo esempio, può illuminare il tuo percorso avendo dimostrato il valore di ciò che fa e come lo fa.

Andresti da una parrucchiera trasandata?

O da una dietologa particolarmente in carne?

Affidarsi a chi ti mostra i risultati, è una sicurezza!

Ne segue che il corso, posto in vendita nei primi giorni del 2020 (10 gennaio), dopo essere già stato testato da un gruppo di otto ragazze che lo avevano seguito durante la realizzazione e da cui avevo ricevuto dei feedback meravigliosi, ha riscosso da subito (a giudicare dalle tante vendite) un grande successo.

Messaggi di approvazione entusiastici hanno riempito le chat del mio smartphone e io, "incredula", non stavo nella pelle:

"Il mio messaggio è stato recepito forte e chiaro."

A partire dal video in cui spiego chi sono e qual è il mio impegno, ovvero cosa intendo fare per le donne grazie al corso, sono tantissime coloro che esprimono approvazione per "questa figura femminile", che si pone in maniera elegante e sincera, trasmette passione e dedizione al suo lavoro e dà fiducia.

Nei mesi a seguire ho passato ore e ore a colloquiare con tante donne, a condividere spaccati di vita, a raccogliere verità, problemi, paure, ansie e frustrazioni. E dentro ognuna di loro ho trovato un po' di me. Come già anticipato…

**giorno dopo giorno, messaggi di approvazione e consenso
nei confronti di questo "percorso formativo",
definito "psicologico", sono apparsi sempre più copiosi e
ricchi di grande umanità.**

L'energia positiva recepita durante lo svolgimento del corso ha prodotto una naturale sequenza di eventi. Ne deduco che la mia personale esperienza di vita (mai precedentemente confessata) trapeli dalle mie parole come messaggio benevolo e amoroso per tutte.

Lo scopo è quello di stimolarti ad attingere dalle tue passioni, a tirare fuori i tuoi talenti e a reagire alla vita e alle sue difficoltà, perché spesso non sappiamo quanto può essere di valore di ciò che abbiamo, non ci rendiamo conto che la nostra forza interiore può veramente aiutarci a raggiungere degli obiettivi nella vita e in tutto quello che ci circonda.

Questa è la ragione per cui ho deciso di scrivere questo libro e di permetterti di entrare a fare parte della mia vita. Voglio essere, per te e per tante altre donne, lo stimolo a non fermarsi, a non arrendersi, a spingersi sempre nella direzione dei propri sogni.

Come ti sarà sempre più chiaro…

"sappi che la cosa che più mi sta a cuore è incoraggiarti a guardarti dentro, ad amarti,"

a darti la possibilità di scoprire la tua vera essenza e, con gli "strumenti" che ti offro, a prenderti le tue soddisfazioni e a gioire per tutto ciò che sarai in grado di fare creando la tua felicità.

Anche le dirette Facebook mi vedono in prima linea a valorizzare l'impegno di ognuna ed a sottolineare il bisogno di sentirsi gratificate, nonché il bisogno di esternare la propria unicità che, come ho già sottolineato, sono tutte esigenze di cui, essere consapevoli, che cambiano enormemente la considerazione di sé. Messaggi toccanti, di ringraziamento per lo stimolo ottenuto. Tutti inni alla vita che in coro rappresentano la grandezza che sta dentro a ognuna di noi.

«Grazie per avermi fatto sentire ancora in grado di potere sognare».
«Grazie per avermi aiutato a guardarmi dentro e scoprire chi sono veramente».
«Grazie a te, la fantasia mi fa sentire ancora viva».
«Grazie a te mi è tornata la voglia di fare». «Grazie a te mi sento

viva e felice».

Ti ringrazio xché mi hai
fatto entrare nel mondo
che amavo tanto e lo
hai fatto attraverso l'
amore, la professionalità,
la dedizione, la cura, l'
attenzione che poche
persone hanno. 

È proprio così, il tuo non
è "solo un corso on line
di cucito" la tua è cura,
attenzione, emozione.....
tutti valori aggiunti
intrinsechi che ci doni ed io
sono fierissima di essere
parte delle tue ragazze!!!!

Ciao cara Daniela,
ho appena visto
e commentato la
testimonianza video di
Elisabetta su Instagram e
sono rimasta senza parole
Lei lucente
è splendida, intensa,
toccante
È proprio così, il tuo non
è "solo un corso on line
di cucito" la tua è cura,
attenzione, emozione.....
tutti valori aggiunti
intrinsechi che ci doni ed io
sono fierissima di essere
parte delle tue ragazze!!!!

Forse nemmeno tu potevi
sapere quanto doni alle tue
ragazze con questo corso
e coi vari tuoi corsi, video,
pillole, dirette...ecc ecc...
tu riceverai indietro tutto
ciò che doni, il karma è con
te
Ti abbraccio forte,
aspettami ed un giorno
quando avrò terminato
il primo corso, farò un
piccolo video per te
Sei luce

Mi da grande gioia creare e
sviluppare un cartamodello,
insomma è troppo bello
questo corso, vedo sempre
l'ora di andare a casa e
immergermi ne mondo
della sartoria, e ti dirò di più
sono sempre più entusiasta
e non mi pento per niente
di aver proseguito in
questo bellissimo corso
grazie Daniela non ho
parole x ringraziarti sei una
persona speciale e che sai
comprendere tutte le donne
insomma sei una donna
meravigliosa in tutto tutto
quello che fai e anche nel
carattere

...Che storia ragazzi!!! Adrenalina
allo stato puro,non serve correre a
200 all'ora con una ferrari per
provare forti emozioni.La
passione,l'entusiasmo,l'estro,l'amore
per quest'arte che non tutti
capiscono.un corso al TOP fatto con
adorazione ed empatia da una
DONNA straordinaria.GRAZIE
Daniela ,sei stata per me il mio
tassello mancante.

Ogni volta che guardo i
video del tuo corso mi
emoziona tantissimo
tu mi emozioni!!! Trasmetti
tanto amore per tutto
quello che fai.
Mi sento le farfalle nello
stomaco solo pensando
a quante belle cose ho
imparato da te...e quanti
capi posso fare ..
Grazie grazie grazie

Tutti i moduli sono state belli e
interesanti, mi sono piaciutti modello
cartacceo perchè non sapevo fare e
per me è la chiave del cucito.
Io considero che questo corso è una
richezza in piu a quelli che ama
questo lavoro(almeno per me è così),
è come non caminare piu nel buio e
hai delle certezze, sono piu sicura, è
BELLISSIMO.

Poi ho iniziato a guardare dei corsi
online, ma non e che mi convincevano
piu di tanto, finché non ho sentito la tua
voce.
E stato come un campanello 🔔 che mi
ha svegliato.
Mi hai fatto credere in me stessa, e li ho
deciso di prendere un appuntamento
con te.
Parlando con te al telefono mi sembrava
di sognare, era veramente un sogno che
potevo realizzare.
P. S. Sono in dietro con il corso, mentre
pulisco ti ascolto, mentre faccio da
mangiare ti ascolto, mentre cuccio per
gli altri ti ascolto e guardo, primo ho poi
riuscirò a fare qualcosa anche per me.
Sei fantastica in a spiegare ti viene tutto
naturale, sei sicura di te, si vede
l'esperienza e la professionalità sei il
mio idolo.

Tu sei una donna che
trasmette molta positività
sei molto fine, garbata,
femminile ,senza perderti in
volgarità.... insomma il tipo
di donna che ho sempre
ammirato e vorrei essere....
chissa se andando avanti
questo corso mi aiuti
anche a ritrovare fiducia
in me stessa, a ritrovare
quella femminilità che
nascondo per la mia
insicurezza...

RECENSIONE
Uno dei corsi e fra le esperienze più
soddisfacenti della mia vita (e di
corsi, di ogni tipo, ne ho fatti molti).
All'inizio nitrivo qualche dubbio sul
fatto che sarei riuscita ad imparare
qualcosa di così pratico, con un
corso online. Invece, sorpresa...
Daniela accompagna passo a passo
in questo percorso creativo e, cosa
stupefacente, dopo lo studio ,
nell'applicazione pratica della
realizzazione di modelli e capi se
non ricordi, o non hai chiaro un
passaggio, torni alla lezione ed
esegui con Daniela, come fossi in
diretta.
Consiglio veramente a tutti di fare
questa esperienza e a Daniela:
Grazie per aver realizzato questo
metodo semplice, utile e mooolto
moolto gratificante; grazie per
essere sempre presente con i tuoi
preziosi consigli con le tue parole ed
il tuo sorriso incoraggiante. Non ho
altre parole... solo GRAZIE!

Ho fatto diverse cose on line ma il "calore" che ci metti tu, ti fa distinguere.

Comunque il corso e un esperienza unica e spiegato molto bene, dettagliato si vede che e stato fatto con tanto amore e passione.

Cara Daniela hai un AMORE indescrivibile per ciò che fai e soprattutto nel modo in cui lo trasmetti... io pian pianino sto riuscendo a realizzare i miei capi ,grazie al tuo meraviglioso modo di spiegare con tanta dolcezza.... infinitamente grazie.....

Ciao Daniela! Sto per completare la confezione dei miei primi 4 capi!!! Sono felicissima e mi sto divertendo un sacco!!! Come ti dicevo, questo percorso è un vero e proprio "corso teorico pratico di autostima e crescita personale"! La modellistica mi entusiasma e mi diverte sempre di più: è una continua sfida e realizzazione / materializzazione della propria creatività e fantasia!

Tutte queste voci all'unisono creano un enorme movimento di donne alla ricerca della propria autorealizzazione e mi fanno capire che devo lottare per loro ed esserne portavoce ed avere la giusta visibilità.

Ora so che il mio impegno sarà rivolto, oltre alla lotta contro la violenza, anche a chi cerca la propria l'indipendenza emotiva,

"rappresentando quella voce *amica* che parla alle donne per le donne."

Conclusione

«Ogni qualvolta prenderò in mano un ago penserò a te!» Ci pensi? Questa frase l'ha pronunciata una cliente del corso che ancora era in fase di acquisto.

Ero al telefono, in contatto diretto con lei. La mia voce, dopo avere realizzato il *valore* di quelle parole, ha cominciato a tremolare, la salivazione ad aumentare e le immagini che ai miei occhi si presentavano sfuocate mi hanno immediatamente fatto capire come quella profonda emozione si stesse tramutando in *commozione.*

Ho spostato lo sguardo cercando qualcosa che mi facesse rifuggire da quel "momento" così intenso che mi toccava talmente nel profondo da non riuscire a gestirlo. Il cielo, le foglie, tutto ciò che i miei occhi andavano cercando oltre la finestra per riuscire a stemperare, a nascondere l'imbarazzo palesemente evidenziato dalle linee che, scendendo, bagnavano le mie guance.

Mi *vergognavo*. Mi vergognavo di mostrarmi così sensibile e vulnerabile. Perché? Ho impiegato un po' di tempo prima di farmi questa domanda e, quando sono riuscita a valutare l'accaduto in modo più distaccato, ho capito che quella frase mi aveva sconvolto talmente tanto che quasi temevo di doverla "riconsiderare".

Sì, quelle poche parole hanno toccato la mia vera essenza. Tutt'ora, mentre sto scrivendo, non riesco ancora a contenere l'emozione e, dietro i miei occhialini da lettura, la nitidezza delle lenti non serve a schiarire ciò che le lacrime "imbrogliano". Ogni uomo e ogni donna nella propria vita vogliono una cosa sola. Ce lo dicono i poeti, gli scultori, gli uomini dello spettacolo. L'*umanità* intera parla di questo. Parla di *lasciare il proprio segno!* La propria *traccia identificativa*. Ciò che noi possiamo *portare di meraviglioso nella vita di un altro essere umano.*

Sì, Antonella (nome inventato per tutelarne la privacy) mi ha portato nel suo mondo facendomi *capire* di essere per lei una figura da *ricordare*. Bellissimo! Come tu ricordi il gesto affettuoso della tua nonna o mamma o amica che ti ha in qualche modo indirizzato verso questo percorso...

E io? Io che già sono orgogliosa di tanta considerazione e del valore che Antonella mi attribuisce, non potrò fare altro che dare sempre il *meglio di me*. A lei e a tutte quelle persone che considerano valido il mio impegno.

Questo è il corso che può segnare la tua svolta.

Se ti è piaciuto questo libro e hai piacere a entrare in contatto con me, puoi trovarmi qui:

- Sito internet: www.danielatarronistylist.it
- Facebook: www.facebook.com/Studio-Progettazione-Moda-di-Daniela-Tarroni-160919783939194
- Instagram: www.instagram.com/daniela_tarroni_stylist
- Youtube: www.youtube.com/channel/UCpSGJhN7eaLzjjRy-F5zm4w
- Email: danielatarronicorso@gmail.com
- Telefono: 338.658.3895

Ringraziamenti

Questo libro è stato scritto e pubblicato in un periodo molto intenso della mia vita. Da tempo avevo un desiderio: poter mettere la mia esperienza al servizio di chi ne volesse usufruire, il mio vissuto e tutto ciò che mi ha portato qui ora al servizio di ogni donna che desiderasse ascoltare una voce amica disposta ad aiutarla.

Per oltre 35 anni ho amato le tante donne che ho conosciuto durante il mio percorso lavorativo e dedico a loro tutti i miei successi e le gioie trascorse. Per il calore e per l'affetto che ho ricevuto, con questo libro voglio poter dire loro un *grazie* infinito. E, ora più che mai, in questo duro periodo di pandemia, sento ancora più forte il mio bisogno di unione in un grande e collettivo abbraccio.

Alle tante, tantissime donne che mi seguono da tutta Italia desidero aprire il mio cuore come simbolo di speranza e positività verso un futuro migliore e per questo ho cercato di mettere a disposizione i miei strumenti attraverso il corso di cucito, nell'intento di rappresentare quella speranza che è la luce in fondo al tunnel. Tanto è l'impegno e tanta è la dedizione quotidiana nell'intento di svolgere al meglio il mio lavoro.

In questo percorso devo anche ringraziare chi rende possibile tutti i giorni che tutto ciò sia disponibile. Parlo di tutte le mie meravigliose collaboratrici, un team che ho costruito in tempi brevissimi e di cui sono orgogliosa e molto fiera.

Ringrazio Francesca, il cui contributo è stato fondamentale e, con lei, la straordinaria Marica, l'efficientissima Lara, la dolce Martina, l'amorevole Greta, la determinata Terry, la preziosa Anna, la splendida Mara e le tante collaboratrici esterne che stanno dando il loro contributo a ottenere risultati straordinari all'iniziativa.

Le ringrazio principalmente perché sanno dare il massimo in questo progetto, dove il valore umano viene prima di ogni altra mansione. Per realizzare questo sogno ci sono volute determinazione e perseveranza, ma da sole non sarebbero bastate. Il supporto del mio attuale compagno, che mi ha aiutata a credere in me e a conoscere l'amore vero, assieme al sostegno quotidiano dei miei familiari, è stata una forte carica di energia positiva.

In questo libro hai scoperto come le mie esperienze possono essere di esempio per migliorare e migliorarsi sempre. È più facile guardare al futuro se lo puoi fare attraverso l'esperienza di chi ha già dimostrato come e perché farlo.

Ho sempre creduto nella formazione come fonte di ispirazione per esternare i propri talenti... approfittane anche tu!

www.ingramcontent.com/pod-product-compliance
Lightning Source LLC
LaVergne TN
LVHW020335200726
843507LV00012B/2369